Laure d'Orcemont

Secrets et Pratiques d'une sexualité épanouie

Laure d'Orcemont

Secrets et Pratiques d'une sexualité épanouie

260 CONSEILS à l'usage de tous

Experts

Impressum / Mentions légales
Bibliografische Information der Deutschen Nationalbibliothek: Die Deutsche Nationalbibliothek verzeichnet diese Publikation in der Deutschen Nationalbibliografie; detaillierte bibliografische Daten sind im Internet über http://dnb.d-nb.de abrufbar.

Information bibliographique publiée par la Deutsche Nationalbibliothek: La Deutsche Nationalbibliothek inscrit cette publication à la Deutsche Nationalbibliografie; des données bibliographiques détaillées sont disponibles sur internet à l'adresse http://dnb.d-nb.de.

Coverbild / Photo de couverture: www.ingimage.com

Verlag / Editeur:
Éditions Vie
ist ein Imprint der / est une marque déposée de
OmniScriptum GmbH & Co. KG
Bahnhofstraße 28, 66111 Saarbrücken, Deutschland / Allemagne
Email: info@editions-vie.com

Herstellung: siehe letzte Seite /
Impression: voir la dernière page
ISBN: 978-3-639-86288-1

Laure d'Orcemont
Sexorelaxologue - Coach de vie

Les SECRETS d'une sexualité épanouie

260 conseils à l'usage des Femmes
260 conseils à l'usage des Hommes

Collection "Secrets de Vie"

Pourquoi 260 ?

Pourquoi ne pas faire un parallèle avec le calendrier Maya et son cycle de 260 jours... Les Mayas accordaient une importance extrême au temps, ce qui revient à dire que chaque jour porte en lui son apprentissage et son expérience.

Les concepts associés à ce cycle sont donc liés à la rotation de la Terre, débutant au premier jour de la création de l'univers et formant des cycles de 260 jours qui se répétent indéfiniment dans le but de progresser sur le chemin de vos propres découvertes intimes.

Développement personnel & professionnel
Sophro-relaxologue analyste
Energéticienne

site : http://www.arbredevie-coach.com

I

260 CONSEILS à l'usage des Femmes

*

INTRODUCTION

" Qu'est la volupté en elle même,
sinon un moment
d'attention passionnée
au corps ? "

Marguerite Yourcenar

A une époque où les hommes et les femmes sont de plus en plus exigeants sur le choix de leurs partenaires, il vaut mieux savoir comment leur faire plaisir et établir une relation forte et ancrée. Et comme vous le savez : la sexualité est souvent très importante afin que l'équilibre d'un couple puisse se construire et perdurer.

La question qui revient donc assez régulièrement est la suivante : « *Comment être une amante accomplie et une femme sensuelle et sûre d'elle ?* »

En effet, comment devenir cette femme qui fait fantasmer les hommes ? Celle qui leur procure vraiment du plaisir ? Celle qu'ils meurent d'envie de rappeler dès qu'elle a franchi la porte, après une nuit d'amour sensuelle et torride ? Celle qu'ils ne tromperont probablement jamais ?

Vous avez sûrement dû lire de nombreux articles qui promettent de faire de vous une femme fatale et inoubliable... mais restons dans le concret, c'est préférable...

En effet, bon nombre de ces fameux articles, souvent parus dans une certaine presse féminine ou autres réseaux sociaux, sont écrits par des femmes qui n'ont pas pris le temps de bien se renseigner auprès des hommes pour savoir ce qu'ils aiment vraiment et ce qu'ils attendent de la sexualité en général, et de leur partenaire.

Par manque de vrais conseils utiles, ou de pratique pour certaines, voire certains tabous qui ont la vie longue, il est donc difficile d'effectuer de réels changements comportementaux !

La sexualité masculine peut sembler mystérieuse pour qui n'y est pas initiée. Même les séductrices les plus chevronnées ne connaissent pas toutes les clés du plaisir masculin.
On croit souvent à tort que le corps de l'homme se résume à son sexe. Voici très précisément l'erreur classique qui peut vous empêcher d'être une bonne amante.
C'est ici que cet ouvrage entre en jeu. Vous aviez toujours rêvé de conseils savamment coquins mais simples à mettre en pratique pour rendre votre vie sexuelle plus palpitante ?

Je vous en livre ici 260 avec quelques indispensables précisions...
Vous ne trouverez pas ici un mode d'emploi car ni moi même, ni aucun sexologue sérieux ne peut prétendre détenir la vérité absolue.
Juste les conseils d'une femme et thérapeute qui a décidé d'utiliser son expérience pour vous guider dans la connaissance du plaisir masculin.
Oui, vous pouvez lui donner du plaisir. Oui, vous pouvez exacerber son désir. Oui, vous pouvez lui offrir ce dont il rêve mais qu'il n'a jamais osé vous demander.

Oui, vous pouvez être l'amante la plus entreprenante, audacieuse et sensuelle qu'il ait jamais connu. Il vous suffira de lire les 260 conseils et exemples de cet ouvrage pour vous en convaincre. À lire seule ou en couple, ce livre peut vous aider à booster votre vie sexuelle et à comprendre enfin ce qu'aiment les hommes et ce dont ils ont besoin pour être comblés.
Alors, êtes-vous prêtes à comprendre quelques secrets bien gardés de la sexualité masculine... ?

Quelques fausses idées à noter cependant.

Il faut éliminer toutes idées préconçues et s'informer de manière précise. De nombreux problèmes dits "sexuels" ne sont souvent liés qu'à un manque d'information sur le sujet.

Tout d'abord, sachez que l'**érection** chez l'homme n'est nullement un automatisme. La sexualité dite "normale" d'un homme est parfois faite de moments d'impuissance occasionnelle, ou bien d'éjaculation prématurée si le désir et les tensions nerveuses sont trop fortes, ou si le temps entre deux rapports a été trop long, et aussi d'actes sexuels mieux gérés s'il est au mieux de sa forme, de ses désirs et en adéquation avec sa vie, ses éventuels problèmes ou en accord avec sa vie passée ou sa propre expérience...

L'**effort** et l'énergie physique lors d'un coït est dérisoire et ne peut donc pas considérée comme étant responsable d'un infarctus.

La **taille de la verge** n'influence pas de manière systématique les degrés de jouissance de la femme puisque, pour elle, l'orgasme dépend et prend naissance dans ce qui se passe dans sa tête, sa satisfaction émotionnelle et par ses ressentis intimes. D'ailleurs, elle n'atteint pas forcément l'orgasme à chaque rapport vaginal.

La **fréquence** des rapports est liée aux circonstances, à l'érotisme véhiculé par le couple, et non pas par l'âge des partenaires ni la durée de la relation.
Les interventions faites sur la **prostate** n'ont pas d'effet sur la sexualité de l'homme, sauf cas très particuliers.

L'**érection du réveil** n'est pas liée à l'envie d'uriner, mais déclenchée durant la dernière phase de sommeil paradoxal, le fait de se lever inhibe cette érection et permet de libérer la vessie.

Les **fantasmes masculins** sont rarement identiques à ceux des femmes. D'où un fréquent problème de compréhension mutuelle voire de communication au sein du couple.

Aspect du comportement amoureux chez l'homme :

Cet aspect est pour ainsi dire semblable à celui de la femme et comporte **3 étapes** majeures.

1 - Prise de contact

Elle s'effectue par l'intermédiaire du regard et crée la naissance du désir par la stimulation de l'hypothalamus générée par les corticoïdes des cortico-surrénales. L'appétit sexuel chez l'homme est provoqué par la testostérone, principale hormone sexuelle masculine secrétée par les testicules et agissant sur l'hypothalamus. La testostérone est donc responsable de l'apparition des caractères sexuels masculins. Indispensable à la formation du sperme, elle génère les fantasmes érotiques et augmente la sensibilité du gland aux attouchements. A l'inverse, la prolactine, issue de l'hypophyse, inhibe en permanence le désir masculin, lui évitant ainsi de vouloir copuler toute la journée...!

2 - Identification

Cette prise de contact effectuée, la phase d'attirance et de désir ne se produit que s'il y a identification, c'est à dire reconnaissance de la partenaire en regard des acquis socio-culturels ou familiaux, des signaux provoqués par l'image maternelle mémorisée dans le cerveau ou bien de la première partenaire affective rencontrée dans l'enfance. Le choix de cette partenaire comme "objet" de désir est donc quelquefois dépendant d'un passé infantile souvent inconscient. Cette forme d'ambivalence entre le désir et la peur de ne pouvoir réaliser ce désir, peut créer un état émotionnel qui va pouvoir renforcer ce même désir, ou à contrario le "bloquer".

3 - Préparation et accouplement

. **Phase d'excitation :** un dilemme se pose entre envie et angoisse de ne pas avoir satisfaction. La dopamine et la noradrénaline activent l'hypothalamus et augmentent en même temps le désir et l'angoisse. L'augmentation du désir favorise ainsi la libération de testostérone qui amplifie le désir sexuel en intervenant au niveau de l'hypothalamus. A ce stade, un afflux de sang apparait au niveau pelvien. La vasopressine, neuro-hormone, participe elle aussi à cet afflux sanguin, surtout au niveau du corps caverneux, provoquant l'érection. Le corps caverneux s'épaissit, s'allonge, se redresse. Le gland devient plus coloré, le décalottement se produit spontanément. Cette phase d'excitation pelvienne dure de 30 secondes à 3 minutes, jusqu'à l'érection complète. Phase de plateau : aucune modification notable mais la phase d'excitation augmente.

. **Orgasme :** déclenché de façon réflexe, l'orgasme, qui est indépendant de l'éjaculation, se manifeste par la contraction des muscles du périnée et des voies spermatiques, en particulier la prostate. Les muscles concernés sont : les fessiers, le sphincter anal, les muscles du bas-ventre mais aussi les adducteurs des cuisses.

La contraction se déclenche environ toutes les 0,8 secondes, et peut éjecter le sperme jusqu'à 50 cm à la première émission.
Ces émissions de sperme diminuent ensuite en intensité à chaque éjaculation.

. **Phase de résolution :** deux ou trois minutes après l'orgasme, l'érection diminue et s'afaisse par vasoconstriction au niveau de ses corps caverneux. Les muscles du périnée se détendent, et il faut environ 30 mn à un homme d'âge moyen pour retrouver une nouvelle fonction et action érectile.

Ainsi, avant de poursuivre cet ouvrage et ces conseils donnés aux femmes pour une sexualité plus épanouie et mieux construite, il était indispensable d'effectuer ces mises au point permettant de bien situer le comportment sexuel masculin de manière générale.

Nous allons pouvoir aborder à présent les 260 conseils évoqués tout au long de cet ouvrage...

I - Les jeux de mains

" Le désir s'exprime par la caresse,

comme la pensée par le langage. "

Jean-Paul Sartre

1. Les caresses et les baisers sont bien évidemment essentiels afin d'apprivoiser le corps de l'autre. On pense souvent à tort que les hommes n'aiment pas trop être touchés en dehors des zones dites «sexuelles» mais c'est totalement faux. Les caresses ne sont pas réservées seulement aux femmes.

2. Même en dehors d'un moment de partage sexuel, habituez-vous à caresser et embrasser souvent votre homme sans raison. Cela contribue à érotiser son corps, et à lui donner confiance en lui et en sa capacité de séduction.

3. Assurez-vous d'avoir toujours une haleine fraîche avant de l'embrasser. Si vous n'avez pas de dentifrice sous la main, croquez dans un fruit.

4. Il existe une multitude de baisers différents. La pression, le frôlement, l'ouverture des lèvres, la langue, sont autant de facteurs qui personnalisent votre baiser et son implication pour la suite. Utilisez ce délicieux moyen de communication pour lui faire passer des messages sans avoir besoin de lui dire un seul mot.

5. Le café, le chocolat ou le tabac donnent en quelques minutes une haleine atroce. Si vous ne pouvez pas vous brosser les dents après en avoir consommé, prévoyez toujours des pastilles à la menthe extra forte.

6. Il n'est pas très agréable d'être caressé par des mains rugueuses. Lorsque vous en sentez le besoin, utilisez une crème hydratante et parfumée, frottez et massez avec soin. Elles deviendront de véritables “outils” pour les caresses.

7. Les hommes aiment en général les massages vigoureux et bien appuyés. N'hésitez-pas à y mettre de la force. Je ne dis pas de lui déboîter le dos, mais ne vous contentez pas d'effleurements sans consistance ou mollassons. Installez le maximum de pression dans vos mains, faites des mouvements lents et amples.

8. Utilisez le maximum de peau pour le masser, enduisez vos avant-bras d'huile de massage, et utilisez-les comme un prolongement de vos mains lors du massage. Plus il y a de peau au contact de la sienne, plus le massage lui sera agréable.

9. Choisissez une bonne huile : elle ne doit ni chauffer, ni pelucher, ni être trop grasse ou au parfum entêtant. Hélas, il est très difficile de s'en rendre compte en magasin, il faut donc les essayer afin de trouver celle qui vous conviendra parfaitement à tous les deux. Une bonne huile est la garantie de multiples jeux érotiques.

10. Si vous avez des crampes après de longues minutes de massage, faites l’acquisition d’un appareil de massage pour finir le travail tout en reposant vos mains. Vous pouvez également continuer à masser avec vos pieds, vos avant-bras, vos cuisses.... Soyez un peu imaginative !

11. Bandez-lui les yeux, puis écrivez sur son dos des mots imaginaires avec la pulpe de votre doigt. Il doit deviner par jeu ce que vous écrivez. Ce jeu est très excitant, surtout si vous écrivez des mots coquins, mais en plus les effleurements donnent de délicieux frissons.

12. Tentez le “body body” : enduisez-vous d'huile et massez-le avec votre corps tout entier. Cela peut sembler difficile, mais en réalité, c'est incroyablement sensuel. Commencez un body-body, et il ne résistera pas plus de quelques minutes avant de vous sauter dessus.

13. Après la douche, offrez-lui un massage sensuel des pieds. C’est une pratique très utilisée en extrême orient et considérée comme très sensuelle (pensez aussi à la réflexothérapie qui reconnait certaines zones de pressions). Les pieds sont des endroits extrêmement sensibles, totalement oubliés des jeux érotiques. Appuyez fermement votre paume sur la plante de ses pieds et massez circulairement pour une détente maximale.

14. Testez les huiles comestibles, incolores et au goût délicatement sucré. Dessinez un parcours invisible que vous effacerez du bout de la langue. Bien entendu, la suite consiste à nettoyer intégralement son corps de toute trace restante. C'est d'ailleurs la partie la plus excitante.

15. Faites de la douche un véritable préliminaire érotique. Si cela lui plait, lavez-le intégralement, doucement, en n'oubliant aucune partie. Pour finir en beauté, massez-lui les cheveux. Placez vos doigts bien écartés et appuyez la pulpe des doigts en effectuant des petits cercles. Les hommes adorent les caresses du cuir chevelu. Cette sensation d'abandon est un prélude parfait à du sexe intense.

16. Retournez-le sur le ventre, et pendant plusieurs minutes, effleurez son dos et ses fesses avec la pulpe de vos doigts. Utilisez le bout de vos doigts pour décrire des trajets aléatoires, prenez ses fesses à pleines mains, puis recommencez à l'effleurer.

17. Si vous avez des ongles, passez-les délicatement sur son dos et ses fesses durant les préliminaires. Vous pouvez utiliser le plat de l'ongle ou sa tranche pour procurer des sensations différentes.

18. Utilisez votre langue sur ses lobes d'oreille et le creux de son cou, beaucoup d'hommes y sont très réactifs. Attention : ne mettez pas votre langue dans l'oreille, mais explorez-en le contour en vous attardant sur les lobes. Pour cela, utilisez la pointe de votre langue.

19. On n'y pense pas souvent, mais les cheveux peuvent être utilisés durant les préliminaires. Caressez son corps doucement en promenant votre chevelure longue au-dessus de lui. Prenez une mèche et caressez-en ses testicules comme avec un pinceau.

20. Lorsque vous portez de la lingerie en soie, frottez votre culotte (avec vous dedans !) contre son sexe. La douceur de la soie contre ses testicules le rendra fou. En revanche, évitez de le faire avec de la dentelle ou toute autre matière un peu rugueuse.

21. Pendant un massage n'oubliez pas le visage. Les paupières, les tempes et le cou sont très sensibles. Allongez-le sur le dos, et installez-vous à genoux derrière sa tête. Vous aurez alors une position idéale pour vous occuper de son cou et de son visage.

22. Certains hommes adorent la sensation du suçon. Faites-les à un endroit peu visible: les épaules, le creux des genoux, les poignets... Par pitié, ne vous jetez pas sur son cou si vous avez dépassé les années du lycée.

23. Placez votre main sur la sienne pendant qu'il vous caresse, vous pourrez ainsi le guider et il vous en sera reconnaissant. Demandez-lui de faire de même. Vous sentirez ainsi quelles sont les zones érogènes à privilégier chez lui la prochaine fois.

24. Massez-lui le torse en le chevauchant. Approchez innocemment votre sexe le plus près possible du sien, puis remontez. Bien évidemment, continuez à le masser comme si vous n'aviez rien remarqué. Au bout de quelques minutes, il devrait être fou de désir.

25. Pour toucher son gland, humidifiez toujours vos mains, la peau du gland est extrêmement sensible. Le contact avec une peau sèche peut donc être très douloureux. Un peu de salive suffira largement.

26. Après plusieurs mois ou années de relation, les baisers ont souvent tendance à s'espacer. Ne laissez pas la routine s'installer. Embrassez-le souvent et passionnément. Les baisers sont de plus un très puissant excitant.

27. Osez les baisers dans des lieux souvent délaissés. Les plis des genoux, les chevilles, les coudes... De nombreuses zones érogènes sont oubliées! Alors apprenez à redécouvrir son corps et à offrir des caresses au moindre centimètre de sa peau !

28. Les oreilles, la nuque et le cou sont des zones très inervées. De légères pressions avec la pulpe des doigts ou la langue déclencheront peu à peu l'excitation. De légères succions (pas des suçons) provoqueront des sensations délicieuses dans ces endroits.

29. Les tétons sont une zone très sensible. Léchez-les délicatement pour les sentir se durcir dans votre bouche. Effleurez-les pour le sentir frissonner. Faites attention à vos dents, et guettez ses réactions, certains hommes n'aiment pas du tout que l'on approche de cette zone.

30. Massez-vous mutuellement, puis découvrez les joies du sexe avec le corps recouvert d'huile. Pour profiter pleinement de ce moment, recouvrez le lit d'un drap qui servira à éponger toute cette huile.

31. N'oubliez pas les jambes. Les hommes sont particulièrement friands de ce type de massage, surtout à l'intérieur des cuisses. Prenez-les à pleine main et pétrissez en remontant doucement vers son entrejambe. Ce massage le détendra et renverra du sang vers.... vous l'aurez deviné... son sexe !

32. Les plumes peuvent aussi être un accessoire intéressant pour les préliminaires. Essayez différentes textures : dures, duveteuses, douces... Ecrivez doucement avec la tige et effacez ces mots virtuels d'un léger coup de plume. Caressez doucement ses testicules, remontez le long de son dos pour finir sur son cou.

33. Après un long massage, une fois qu'il sera électrisé par vos caresses (et pas avant) commencez à vous intéresser à son sexe. L'homme sera alors mûr et n'attendra plus que ça !

34. Caressez-lui longuement l'intérieur des cuisses, un endroit doux et très sensible aux caresses. Passez très près des testicules, effleurez-les sans les toucher vraiment, éloignez-vous puis revenez...

35. Atteignez son sexe, mais caressez-le d'abord comme une banale partie du corps avant de le saisir. Votre indifférence alliée à la douceur des caresses achèvera de faire monter la pression et le désir de votre partenaire.

36. Lorsque vous le masturbez, n'oubliez pas d'utiliser l'autre main pour les testicules. Manipulez-les très délicatement, massez-les doucement, caressez-les, sans appuyer, entre vos mains.

37. Masturbez-le à travers son caleçon. Pour cela commencez par effleurer la zone. Puis tracez les contours de son sexe sur le tissu. Appuyez vos doigts de plus en plus forts jusqu'à pouvoir pratiquement saisir son membre. Continuez jusqu'à ce qu'il vous supplie de le déshabiller.

38. Allez passer vos mains sous l'eau brûlante avant de le masturber. Le but n'est pas de le brûler, mais de diffuser une agréable sensation de chaleur dans tout son corps. Vous pouvez également mettre du lubrifiant sur vos mains puis les frotter l'une contre l'autre pour donner de la chaleur.

39. Ne mettez pas le lubrifiant directement sur son pénis. Il est plus excitant d'enduire vos mains puis de le caresser. Vous pouvez aussi mettre du lubrifiant sur vos seins, puis faire glisser son sexe sur votre poitrine.

40. La salive fera un très bon lubrifiant naturel. Léchez sensuellement les doigts d'une main puis passez-les sur son sexe, pendant que vous répétez l'opération avec l'autre main. Ce sera beaucoup plus sensuel que de cracher directement dans vos mains ou sur son sexe.

41. Si vous êtes d'humeur très coquine, caressez-vous le sexe avec du lubrifiant puis empalez-vous sur lui, juste le temps de l'enrober de votre lubrifiant, puis continuez à le masturber. Pour que cette technique soit efficace, il faut jouer sur l'effet de surprise, et être très rapide car l'homme aura du mal à vous laisser repartir !

42. Demandez-lui de vous montrer comment il se masturbe, chaque homme aime un type de pression et de technique différent, et vous ne pouvez pas le deviner. S'il n'ose pas s'adonner à cette pratique devant vous, proposez-lui de le faire en même temps que lui. Ainsi vous apprendrez à deux tout en profitant du spectacle.

43. Le sexe commence au bas de l'abdomen. Masser cette zone procure des sensations délicieuses. Utilisez votre paume pour effectuer des pressions progressives et circulaires sur son bas ventre.

44. Variez les gestes et la vitesse, en vous occupant de tout son sexe, pas seulement du gland. Pour cela, les mouvements doivent être amples et ne pas se concentrer sur une zone en particulier. Soyez imaginative et douce !

45. N'hésitez pas à utiliser vos deux mains, et à tester plusieurs techniques en n'oubliant pas d'être à l'écoute de ses réactions. L'expression de son visage, ses soupirs, la crispation de ses mains et sa respiration sont tous des indicateurs à observer pour juger de son degré de plaisir.

46. La classique : enserrer toute la main autour du sexe et effectuer des mouvements de va et vient. Il faut varier les pressions des doigts et la vitesse régulièrement. Vous pouvez placer la main pouce vers le haut ou vers le bas. Les points de contact sont différents selon la position.

47. La classique améliorée : même position que précédemment, puis on vrille la main afin d'effectuer un demi-tour autour du sexe. Si son sexe est très long, vous pouvez placer une main au-dessus de l'autre pour avoir accès à un maximum de peau.

48. La technique de l'anneau : Faites un anneau à la base de son sexe avec votre pouce et votre index. Remontez jusqu'au gland. Lorsque vous arrivez au gland, reformez l'anneau avec l'autre main et ainsi de suite... toujours en remontant vers le gland. Vous pouvez élargir l'anneau en rajoutant le majeur dans le cercle.

49. La technique de la paume : d'une main, faites la technique classique. Placez la paume de l'autre main, recouverte de lubrifiant, contre son gland, et faites de légers mouvements circulaires. Cette technique demande une bonne coordination, mais est normalement très efficace car elle stimule en permanence l'ensemble de son sexe.

50. La technique du prieuré : croisez vos mains comme pour implorer, et introduisez son sexe entre vos deux paumes lubrifiées. Maintenez-le fermement et faites des va et vient de haut en bas.. Cette technique permet de varier très facilement la pression de vos mains, et d'entourer tout son sexe.

51. Les doigts magiques : prenez son sexe par le bout de vos dix doigts, et appuyez délicatement les doigts un à un en leur faisant décrire de petits cercles. Il ne sentira pas dix doigts, mais une multitude de petites vibrations le parcourir.

52. Le dôme : placez une main en position classique autour de son sexe. Posez la paume de l'autre main sur son gland, vos doigts refermés autour de son sexe. Les deux mains effectuent un mouvement opposé vers le haut et le bas pendant que la paume caresse le gland. Avec un peu d'entraînement et de coordination, vous comprendrez tout l'intérêt de cette technique !

53. Certains hommes adorent le contact de matières douces avec leur sexe : soie, velours, fourrure, faites des essais pour savoir ce qui lui plait. Vous pouvez par exemple lui bander les yeux, puis passer un échantillon sur tout son corps pour finir par ses testicules, l'endroit le plus sensible.

II - L'art de la fellation

« La verge et le coeur sont des organes
qui remuent d'eux-mêmes »

Aristote

54. La fellation est une histoire de goût. Il existe une multitude de techniques. Pour savoir ce qui plait à un homme, le meilleur moyen est de le lui demander. Est-ce qu'il préfère la douceur, le sauvage, un rythme lent ou rapide? Avec la main ou bien sans ? Attendez un moment d'intimité, et mettez immédiatement en pratique ce qu'il vous indique.

55. Faites très attention à vos dents. Le moindre contact avec son sexe, et particulièrement le gland, peut être extrêmement douloureux. Si vous ne savez pas comment faire, entraînez-vous sur une carotte jusqu'à ce qu'il n'y ait plus aucune trace de dents.

56. Ne commencez pas directement en vous jetant sur son sexe, ce serait trop facile. Embrassez et léchez ses cuisses, son bas ventre, ses testicules, avant d'enfin prendre son membre en bouche.

57. Ce n'est pas un mythe, les hommes aiment les fellations humides. Pas de mystère, plus il y a de liquide, plus ça glisse, et plus la fellation est agréable. Utilisez donc votre salive comme lubrifiant, faites attention à bien écarter les lèvres lorsque vous remontez vers le gland. Ainsi la salive accumulée va redescendre.

58. La technique classique consiste à faire des va et vient de votre bouche sur son sexe. Vous pouvez utiliser l'autre main pour maintenir la base ou masser ses testicules. La principale difficulté consiste à donner un maximum de contact sexe/bouche tout en rentrant en permanence les dents.

59. Positionnez bien vos lèvres : elles doivent former un anneau moelleux, comme si vous étiez en train de souffler. L'erreur classique consiste à rentrer les lèvres comme si vous n'aviez plus de dents. Au lieu d'un écrin voluptueux, l'effet est dur et froid.

60. N'essayez pas à tout prix d'aller le plus loin possible, si vous vous occupez bien du gland, cela sera déjà bien suffisant. La "gorge profonde" est avant tout un fantasme hérité des films pornos. C'est plus une performance qu'un gage de réel plaisir.

61. Votre langue doit courir le long de son sexe, pour l'humidifier et effectuer des pressions. Testez différentes possibilités : parcourez son sexe avec des coups furtifs du bout de la langue. Enveloppez-le entièrement en le lapant comme une glace, faites tourner son gland dans votre bouche.

62. Une technique appréciée : placez vos lèvres comme pour faire un bisou. Puis posez son gland sur vos lèvres, et exercez une pression croissante jusqu'à ce que son sexe se fraye un chemin entre elles. Il ressentira une sensation semblable à celle donnée lors de la pénétration.

63. Si vous avez des crampes, masturbez-le et léchez juste son gland, ou occupez-vous de ses testicules. La crampe à la mâchoire est un grand classique lorsque l'on fait une fellation très «active» c'est plutôt bon signe, et plus vous en ferez, moins vous aurez de crampe.

64. De temps à autre, regardez-le droit dans les yeux tout en donnant de petits coups de langue sur son sexe... c'est incroyablement excitant. Nul besoin de prendre un regard fatal d'actrice de film hard. Le simple fait de vous voir prendre du plaisir avec son sexe suffira à faire décoller son imaginaire.

65. Lorsque vous aurez assimilé ce qui l'excite le plus, amenez-le au bord de l'extase, puis ralentissez le rythme et ainsi de suite. L'orgasme final sera incroyable ! Cela demande une grande maîtrise, et une parfaite connaissance de son partenaire. Mais si vous y parvenez, vous le rendrez dépendant au sexe avec vous !

66. Tant que vous êtes dans la salle de bain, vous pouvez aussi lui proposer de lui raser les poils pubiens. S'il n'a pas peur, occupez-vous également de ses testicules. Faites-le avec beaucoup de douceur et finissez le travail par une fellation, il mérite bien une récompense, et quoi de plus agréable qu'une fellation sans poils !

67. N'attendez pas qu'il soit en érection pour entamer une fellation. Sentir son sexe tripler de volume dans votre bouche sera très excitant pour lui. De plus il est très amusant d'avoir en bouche un sexe que vous pouvez prendre entièrement, et que vous maîtrisez donc totalement.

68. Un bonbon fort à la menthe décuple les sensations lors d'une fellation... En effet la menthe garde son effet de fraîcheur au contact des muqueuses et donc du gland. Gardez-les également près du lit pour les matins difficiles.

69. Il est trop fatigué pour faire l'amour? Proposez-lui de ne pas bouger et occupez-vous uniquement de son plaisir.
Cela devrait le réveiller en quelques minutes.

70. Si vous avez envie de l'exciter de façon innocente, lorsque vous lui faites une fellation alors qu'il est allongé sur le dos, débrouillez-vous pour chevaucher l'une de ses jambes, et frottez votre sexe contre sa jambe pendant que vous vous occupez de son sexe.

71. Une fellation peut durer de 2 à 30 minutes. Si vous en avez assez, remontez pour commencer les choses sérieuses. Une petite remarque du genre : «Maintenant je veux sentir ton sexe en moi» devrait suffire pour qu'il reprenne la situation en main.

72. Si vous décidez d'aller jusqu'au bout, il faut prévoir avant si vous décidez d'avaler ou pas. Cracher ou s'étouffer ne serait pas du plus glamour. Si vous ne voulez pas avaler, prévoyez un mouchoir pour recracher discrètement.

73. Certes, le sperme n'a pas forcément un goût très agréable, mais si vous avalez d'un trait, vous ne sentirez aucun goût. Une bouteille d'eau à proximité, et hop, le tour est joué.

74. La quantité de sperme, comme le goût, sont très variables, cela peut aller de quelques gouttes à plusieurs cuillères à soupe. Essayez d'avaler au fur et à mesure pour ne pas vous retrouver avec trop de sperme à avaler.

75. Si vous trouvez peu délicat de recracher son sperme après éjaculation, vous pouvez utiliser la technique des actrices porno : gardez en bouche, puis tout en continuant la fellation, écartez les lèvres. La gravité fera le reste.

76. Continuez la fellation encore quelques secondes après l'éjaculation, car à ce moment-là son sexe est encore très sensible. Ralentissez beaucoup le rythme et évitez de trop toucher le gland.

77. Certains hommes n'aiment pas qu'on les embrasse directement après la fellation, laissez-le faire le premier geste pour vous embrasser. S'il n'aime vraiment pas, vous pouvez aussi vous laver les dents juste après.

78. Pour une fellation sucrée, donnez 12 heures avant à votre chéri de l'ananas, du melon, des kiwis ou des framboises. L'alcool, les fruits de mer, et certains légumes donnent en revanche un goût beaucoup plus salé et âcre.

79. Profitez d'un moment où il est occupé : au téléphone, en train de ranger, en train de lire... pour lui offrir une fellation surprise. Le but étant qu'il continue ce qu'il est en train de faire pendant que vous vous occupez de lui.

80. Utilisez une autre technique : pendant une fellation, vous pouvez par moments interrompre toute action avec votre bouche et la remplacer par une masturbation manuelle. Cela le mettra en état de manque et d'attente.

81. Pour la fellation, faites très attention à vos bagues et vos ongles. Donc pas de griffure !

82. Et si vous considérez la fellation comme un acte de domination de l'homme, détrompez-vous ! Dites-vous bien que vous seule êtes maître à bord. Vous décidez quand et comment il aura du plaisir. La fellation peut également être vue comme un abandon total de l'homme à la femme. C'est vous en fait qui maitrisez tout.

83. Pour éviter de vous étouffer s'il a tendance à trop bouger le bassin, placez votre "limite" avec un anneau formé par vos doigts. Ainsi votre bouche "butera" sur cette barrière et vous ne vous étoufferez jamais. Une technique très efficace et qui s'avère incroyablement utile, surtout si l'homme est très bien pourvu.

84. Ne vous contentez pas d'une seule position, il y a de nombreuses variantes qui donneront du piment et vous permettront d'explorer de nouveaux "angles de confort".

Voici quelques exemples :

85. La travailleuse : il est debout et vous êtes à genoux devant lui. Cette position est pratique car elle vous laisse libre de vos mouvements, et vous permet de bien vous occuper de ses testicules. L'idéal étant qu'il prenne appui contre un mur.

86. L'endormi : il est allongé sur le dos et vous êtes à plat ventre ou accroupie entre ses jambes. Agréable sur le début, cette position peut être rapidement inconfortable et provoquer des crampes au cou et au dos. Pour lui, cette position est celle qui permet de se laisser aller complètement.

87. Le dominant : vous êtes sur le dos, et il est à quatre pattes au-dessus de vous et de votre visage. Cette position est excitante pour l'homme, mais peut être inconfortable pour vous s'il bouge trop. Utilisez la technique de l'anneau butoir pour éviter de vous étouffer.

88. Placez-le à genou sur le lit, et allongez-vous sous lui pour prendre délicatement en bouche ses testicules et faire jouer votre langue. Ainsi positionnée, vous pourrez également accéder à son périnée et le masser délicatement.

89. Pendant l'acte, stoppez la pénétration pour lui offrir une fellation, il ne s'y attendra pas, et sera délicieusement surpris.

90. Pour une fellation n'utilisez pas votre bouche comme un vagin! Utilisez votre langue, vos mains, et variez au maximum les gestes. Un seul mouvement n'aura a priori aucun effet, il faut de la nuance. C'est exactement le même principe qu'un homme qui fait le marteau piqueur durant l'amour : c'est peu excitant.

91. Et surtout : la meilleure fellation du monde sera un cauchemar s'il sent que vous n'y prenez pas de plaisir. Le sexe oral est avant tout le plaisir de donner à l'autre. Un homme sentira si vous essayez d'aller le plus vite possible pour en finir.

92. Ne mordez jamais le gland !

93. Gardez un maximum de salive dans votre bouche afin d'enduire et d'ainsi lubrifier son sexe. Si vous n'en avez pas assez, gardez toujours une bouteille d'eau à proximité pour vous rafraîchir.

94. Pendant la fellation, arrêtez-vous et soufflez délicatement sur le gland. La sensation de froid après la chaleur de votre langue le fera frissonner.

95. Pendant une fellation, explorez le périnée, qui est la zone entre les testicules et l'anus. Exercez de légères et douces pressions. Peu d'hommes sont très ouverts au fait de pouvoir prendre du plaisir par des zones proches de l'anus. Ce tabou est encore persistant, mais il ne tient qu'à vous de lui montrer en douceur qu'il peut être agréablement surpris.

96. Entraînez-vous à mettre un préservatif avec votre bouche... ou comment transformer un moment contraignant en véritable préliminaire.

Il faut le dérouler avec vos lèvres et votre langue, en faisant très attention à ne pas l'abîmer avec vos dents.

97. Si vous avez un doute sur son hygiène mais que vous avez envie de lui faire une fellation, proposez-lui une douche à deux, sans mettre en cause sa propreté. La fellation dans la douche peut être très ludique, si ne craignez pas de vous mouiller les cheveux.

98. Essayez la fellation japonaise : un bol de glaçons, un bol de thé brûlant, et alternez bouche glacée et bouche brûlante autour de son sexe. Certains hommes détestent.... d'autres sont très excités par ces sensations opposées.

99. Concernant les testicules, vous pouvez les prendre complètement en bouche et les sucer légèrement, ou bien les prendre dans votre main et exercer de légères pressions. Soyez délicate et ne les serrez pas trop fort. Sachez doser !

100. Pendant une fellation, si vous ne voulez pas avaler, remplacez votre bouche par votre main au moment de l'orgasme. C'est mieux que de cracher ou de tout arrêter ! Sachez que les hommes sont quelquefois assez blessés par le fait que l'on n'aime pas leur sperme. Ce qui est compréhensible, c'est un peu comme s'ils mettaient un préservatif sur leur langue pour le cunnilingus.

101. Si vous le sentez prêt, humidifiez un doigt et titillez son anus. Il est impératif d'avoir les mains très propres et les ongles impeccablement limés.

102. S'il se bloque dès que vous approchez de son anus, n'insistez pas, vous risqueriez de le braquer encore plus.

103. Si au contraire il y prend du plaisir, vous pourrez essayer d'introduire un doigt lubrifié et atteindre, à peine quelques centimètres, la fameuse prostate, source d'un grand plaisir légendaire.

104. Offrez-lui un réveil en douceur avec une fellation servie au lit dès le matin. S'il a le sommeil un peu lourd, vous pourrez assister à tout un panel de gémissements de délice durant son sommeil.

105. Le secret d'une "gorge profonde" réussie est d'aligner votre gorge avec son sexe.
La position idéale est d'être à genoux devant lui, et de basculer la tête en arrière. L'exercice est très délicat car il faut laisser passer son sexe derrière la glotte, sans réflexe de régurgitation. Vous pouvez vous entraîner avec un gode d'abord.

106. Lors d'une fellation, soyez très attentive à ses réactions. Lorsqu'il vous montre qu'il aime ce que vous faites par des soupirs et gémissements, continuez avec cette technique pendant quelques minutes. Sinon changez-en !

107. Soyez patiente. Si vous arrivez à faire durer la fellation jusqu'à ce qu'il vous supplie d'arrêter, vous avez tout gagné.

108. Si la fellation ne vous excite pas vraiment, masturbez-vous pendant que vous le sucez. S'il s'en rend compte – et vous vous arrangerez pour que ce soit le cas - cela le rendra fou.

109. Vous pouvez utiliser toutes sortes de choses pour enduire son sexe pour le sucer. Attention tout de même à tout ce qui est très collant, épicé ou même seulement écoeurant.

110. La position 69 demande beaucoup de concentration car il faut prendre du plaisir tout en faisant attention à ce que l'on fait. Cependant elle procure une sensation d'ivresse délicieuse, un abandon contrôlé et réciproque.

111. Selon vos tailles respectives, trouvez la position - vous ou lui au-dessus - qui vous est la plus confortable. Rien de pire que d'être coincée et de devoir vous tordre le cou pour atteindre 1 cm de son sexe au prix de nombreuses contorsions.

112. Au-dessus, vous aurez normalement beaucoup moins d'amplitude pour manoeuvrer. Concentrez-vous sur son gland et ses testicules. Si vous êtes en dessous, utilisez toujours une main pour les testicules et l'autre pour maintenir son sexe dans le bon angle.

113. La position 69, très excitante, ne dure en général pas très longtemps. Amusez-vous à l'amener au bord de l'orgasme de cette manière là.

III - La pénétration

“ Le sexe, c'est ce qu'il y a de profond entre l'homme et la femme ”

Proverbes et Maximes

114. Trouvez un juste milieu entre la mono-position et le zapping intempestif. Deux ou trois positions sont généralement une bonne moyenne.

115. Ne le laissez pas choisir tout le temps quand changer de position. Prenez le contrôle et faites ce que vous avez envie de faire.

116. Variez les plaisirs avec les préservatifs, essayez les nervurés, les perlés et les ultra fins type seconde peau. Intégrez-les complètement comme objets de plaisir et non plus comme une corvée. Je ne conseille pas particulièrement les préservatifs aromatisés, car leur goût est parfois franchement répugnant.

117. En cas de “bruits” inattendus, n’ayez pas honte, détendez l’atmosphère en rigolant, après tout, ce n’est qu’un sexe qui baille et soupire !

118. Vous n'êtes pas assez lubrifiée? Demandez-lui de descendre humidifier votre anatomie intime ou ayez toujours à proximité un tube de gel lubrifiant.

119. Lorsque vous êtes au-dessus, placez son sexe sur vos lèvres (celles du bas) et entrez juste 1 cm. Continuez très très doucement, puis empalez-vous d'un coup. Il en défaillera de plaisir.

120. Orientez votre bassin et les mouvements pour une pénétration plus ou moins profonde. Cela est très utile si votre homme est très bien ou au contraire trop peu pourvu.

121. Les hommes aiment entendre votre plaisir. Dites-vous bien qu'il est très dur de savoir si ce que l'on fait en terme de sexe est bien, si l'on n'a aucun retour de son partenaire.

122. Si, comme 80% des femmes, vous êtes clitoridienne, n'hésitez pas à titiller votre clitoris durant la pénétration. Il ne le prendra pas mal, et pourra même s'en occuper de lui-même par la suite.

123. Ne stressez pas, si vous participez, vous ne pourrez pas "mal faire", mais surtout, ne le laissez pas faire tout le boulot. Ce qu'un homme appelle un «mauvais coup» c'est en général une femme qui reste les bras ballants sans bouger.

124. Prenez le dessus. Renversez-le, chevauchez-le, maintenez-lui les poignets, bref, dominez-le. L'inversion des rôles est et sera toujours un fantasme très excitant chez les hommes. Jouez également avec votre image !

125. N'ayez pas peur de dire ce que vous ressentez sur le moment... soyez directe..."J'aime quand tu me fais cela, tu m'excites" ou au contraire "Ce n'est pas très agréable". La communication vous permettra de vous connaître tous deux parfaitement.

126. Votre bassin est très important, car ses mouvements définissent les zones où vos sexes se toucheront. Dans chaque position, essayez de tourner, onduler, agiter votre bassin, afin de voir quelles sensations lui plaisent le plus.

127. Pendant le sexe, caressez ses testicules en suivant son rythme. Faites bien attention de ne pas les coincer dans un geste maladroit.

128. Ne visez pas à tout prix l'orgasme simultané, c'est assez rare. Laissez-vous porter par votre plaisir. Il vaut mieux profiter chacun de l'orgasme de l'autre plutôt que de courir après quelque chose de trop rare et qui n'apporte pas grand-chose de plus.

129. Si vous n'êtes pas une adepte des gémissements, montrez-lui que vous aimez ce qu'il vous fait en griffant très doucement son dos, mordillant sa nuque ou en agrippant ses fesses.

130. Lorsque vous le chevauchez, vous pouvez prendre l'un de ses doigts dans votre bouche et le sucer en douceur.

131. Si vous ne dites pas à un homme ce que vous aimez, il fera uniquement ce qu'il aime. La communication et l'échange sont la base non seulement d'une relation, mais d'une bonne entente sexuelle.

132. L'étoile de mer est le pire cauchemar des hommes. Même si vous êtes dans une position où vous ne pouvez pas beaucoup bouger, accompagnez ses mouvements avec votre bassin, et surtout évitez de regarder le plafond.

133. Les cheveux sont très érotiques. S'il a un peu de longueur, n'hésitez pas à les empoigner ou les froisser à pleine main.

134. Adeptes du missionnaire, un rien peut tout changer! Placez un coussin sous vos reins et croisez vos jambes autour de lui. La pénétration n'en sera alors que plus profonde.

135. Utilisez les variantes de la levrette. Cambrez-vous au maximum en mettant votre tête sur le lit. La pénétration sera encore plus profonde. Attention s'il est très bien pourvu, cette position peut parfois faire un peu mal.

136. La position la plus stimulante pour le clitoris est le missionnaire inversé : vous allongée sur lui. Son pubis frotte le clitoris en même temps que la pénétration. Essayez, c'est la position la plus efficace pour les clitoridiennes.

137. Lorsqu'il ressort complètement de votre vagin pour mieux y re-entrer, ne bougez surtout pas, il pourrait "couder" son engin en ratant l'entrée, et c'est très douloureux pour lui !

138. Les testicules sont souvent surnommées les “orphelines” car elles sont trop régulièrement délaissées. Considérez-les comme aussi importantes que son pénis. C'est un petit secret qui fait une énorme différence. Un peu comme si un homme oubliait complètement de caresser vos seins.

139. Si vous jouissez avant lui, il serait très mal vu de vous retirer pour vous mettre en position "dodo". Il a le droit à son plaisir également.

140. Si vous ne supportez pas qu'on vous touche quelques minutes après l'orgasme, ne «l'abandonnez» pas pour autant. Optez alors à ce moment là pour une fellation en douceur.

141. Toujours en levrette, inversez les rôles : il ne doit plus bouger et c'est vous qui menez le jeu.

142. Entraînez-vous à contracter vos muscles vaginaux. Faites-le durant le sexe et vous lui procurerez de délicieuses sensations. Un seul exercice : le «stop pipi» environ 2 minutes par jour.

143. Lorsque vous êtes épuisés, la "cuillère" est la position qui demande le moins d'efforts. Tous deux allongés sur le côté, il n'a qu'à bouger doucement le bassin.

144. La meilleure position pour la douche est de placer vos mains contre la paroi, et de vous cambrer au maximum pendant qu'il vous pénètre par derrière. Il a ainsi un libre accès à vos seins et votre clitoris.

145. N'exagérez pas votre plaisir. Mieux vaut être honnête et retenir vos cris pour l'orgasme du siècle. En règle générale, l'amplification ou la simulation sont une très mauvaise chose, car vous allez très vite vous retrouver coincée, sans savoir comment le lui avouer.

146. Pour déclencher un super orgasme, arrêtez vos mouvements dès que vous sentez qu'il va venir. Puis recommencez doucement. Si vous faites cela plusieurs fois de suite, l'orgasme en sera décuplé.

147. Lorsque vous sentez qu'il est proche de l'orgasme, faites travailler vos muscles vaginaux pour le serrer au maximum jusqu'à "l'explosion".

148. S'il vous propose une sodomie, n'acceptez que si vous êtes vraiment prête; ce n'est pas le genre de pratique qui se fait à la légère.

149. Assurez-vous alors de mettre beaucoup de lubrifiant, et demandez-lui de bien vous détendre avec ses doigts.

150. Privilégiez une position dans laquelle vous pouvez diriger : la levrette ou bien l'amazone.

151. Allez-y très doucement, surtout ne forcez pas.

152. Mettez un préservatif pour plus de glisse, et assurez-vous qu'il en change si vous continuez par un rapport vaginal après la sodomie.

153. Après le sexe, ne vous relevez pas dans la seconde pour aller vous doucher ou vous nettoyer. Restez quelques instants dans ses bras.

154. Profitez-en pour parler avec lui. S'il a fait quelque chose qui vous a beaucoup plu, dites-le lui, et inversement.

155. Quelque chose ne vous a pas plu? N'attendez pas des semaines. Dites-lui tout de suite après. Expliquez-lui calmement et donnez-lui des indications sur ce que vous aimez.

156. C'est aussi le moment idéal pour lui demander ce qu'il aimerait que vous lui fassiez la prochaine fois !

157. Il faut en général attendre entre 30 minutes et 2 heures pour qu'il puisse recommencer. Cela dépend des hommes, apprenez donc à connaître son rythme. Reprenez les caresses pour ré-enclencher la machine.

158. N'utilisez jamais le sexe comme un moyen de pression en cas de désaccord ou de dispute. Vous lui donneriez une valeur marchande alors qu'il ne doit être que prétexte au plaisir.

De manière générale, et contrairement à ce que l'on croit, il faut toujours dire à un homme ce que vous avez pensé de vos ébats après une première nuit, si cela vous a plu, ce que vous avez ressenti. Si vous avez eu beaucoup de plaisir et éprouvé des émotions particulières, dites lui que vous avez passé un moment magnifique dans ses bras, si c'est le cas bien sûr. Car mentir pour lui faire faire plaisir, si ce n'est pas vrai, est la pire chose que vous pourriez faire et il vous en voudrait par la suite de ne pas avoir été franche...

Par contre, si ce premier moment a été pour vous un bonheur intense et un partage sensuel fort, le fait de l'apprendre de votre bouche le rendra si fier et content qu'il fera l'impossible, à la fois suivante, pour vous prouver qu'il est à la hauteur de vos ressentis et du plaisir que vous avez éprouvé. Vous bâtirez ainsi une relation plus ancrée et plus confiante...

IV - Autres variantes

“ Il en va de l'érotisme comme de la danse :
l'un des partenaires se charge toujours
de conduire l'autre ”

Milan Kundera

159. Faites-le frissonner en prenant un glaçon dans votre bouche quelques secondes avant vos jeux de langue. Demandez-lui ensuite de vous réchauffer. Plus coquin : vous pouvez insérer un glaçon dans votre sexe quelques minutes avant une pénétration. La sensation en sera surprenante mais très agréable pour lui.

160. Mettez votre alarme 20 minutes avant votre heure habituelle de réveil pour commencer la journée par du sexe. Le meilleur moyen d'être de bonne humeur au saut du lit.

161. Faites l'amour sans utiliser une seule fois vos mains. Sensations et fous rires garantis. Cela demande beaucoup d'imagination, et vous pourriez être agréablement surprise !

162. Masturbez-vous l'un en face de l'autre. L'excitation va monter en flèche. Ce sera aussi un bon moyen d'apprendre à mieux connaître vos corps respectifs, ce qui reste la meilleure façon de savoir comment lui donner du plaisir.

163. Nouez-lui les mains en douceur, et utilisez-le comme un godemiché géant. Puis inversez les rôles. Lorsque l'on a confiance en son partenaire, s'abandonner totalement est la plus belle preuve que l'on puisse lui offrir.

164. Jouez aux jeux de rôle : chacun définit son personnage, et pendant toute la soirée, vous ne serez plus "vous". Vous pouvez définir des scénarios : l'infirmière/le patient, la pauvresse/le prince, la prostituée/son client, le mari/sa maîtresse...

165. Le principe du jeu de rôle est de ne jamais sortir de son rôle, quoiqu'il arrive. Cela nécessite de bien préparer le scénario. Choisissez les noms, le lieu, ce qui se passera... laissez libre cours à votre imagination.

166. Si vous prenez goût aux scénarios, placez vos idées de personnages et de mises en scènes dans une boite. Et organisez un tirage au sort chaque semaine. Le gagnant verra son fantasme réalisé.

167. Si vous souhaitez mettre du piment dans vos ébats, glissez-lui à l'oreille une phrase crue (pas vulgaire) et observez sa réaction. Bien entendu prenez un air totalement ingénue...

168. Lorsqu'il se déshabille, dites-lui combien il est sexy et désirable. Un homme qui a confiance en lui se lâche beaucoup plus au lit. Surtout, regardez-le lorsqu'il est dénudé. Rien de pire que de se sentir transparent alors qu'on devrait être regardé avec désir.

169. C'est très cliché mais pourtant vrai. Le sexe d'un homme doit être flatté.... car c'est sa virilité. Dites-lui que vous le trouvez beau, attirant, et combien il vous fait du bien ou vous plait. Vous verrez briller une étincelle de fierté au fond de son oeil.

170. Prenez le temps de lui dire exactement quelles sont les choses qui vous rendent folles... Vous pouvez par exemple programmer des cours particuliers. Vous faites le professeur et lui montrez les exercices qu'il doit reproduire. Une façon ludique d'aborder le sexe.

171. Faites monter la température en buvant un thé brûlant (pour éviter l'haleine caféinée). Utilisez alors votre langue ainsi réchauffée pour laisser une trace brûlante sur sa peau et entraîner son accès de désir.

172. Accrochez un miroir près de votre lit et adonnez-vous à une position en levrette devant lui, en le regardant dans le miroir. Garanti torride ! Et cela marche aussi avec la fellation et les autres positions. Bref, investissez si vous le souhaitez dans un miroir, mais c'est sans obligation.

173. Sans opter pour le strip-tease, vous pouvez érotiser le moment de retirer vos vêtements : regardez-le dans les yeux, bougez sensuellement, déshabillez-vous et... gardez vos bas !

174. Surprenez-le avec un ensemble de lingerie très provocant (jarretières, bas). C'est encore plus efficace si vous dévoilez vos dessous juste avant de vous rendre à une longue, très longue soirée.

175. A l'occasion de son anniversaire par exemple, n'hésitez pas à trouver quelque chose de spécial et d'érotique à faire ou à lui montrer.

176. La lumière bleue donne une atmosphère sensuelle et une belle peau. Pensez-y près du lit. Une simple ampoule flamme ou un abat-jour bien choisis feront l'affaire.

177. Un homme considère le sexe comme un bon moyen de se déstresser, n'hésitez pas à lui proposer si vous le sentez un peu tendu, en rentrant du boulot par exemple. Quand je dis proposer, je veux dire : soyez très directe et claire.

178. Le maquillage et la crème pour le visage ne sont en fait vraiment pas comestibles. Démaquillez-vous toujours avant de vous coucher. C'est bon pour votre peau... et votre sex-appeal. De même, faites attention au parfum dans le cou. N'abusez pas des trop capiteux.

179. Congelez des raisins. Ils feront un jeu sexuel idéal. Caressez ses tétons et son sexe... faites courir les raisins sur sa peau... et croquez-les lorsqu'ils ne vous servent plus et qu'ils sont décongelés. Un précieux petit secret !

180. Débarrassez-vous de votre lit ou matelas grinçant. On ne se rend pas compte à quel point cela peut être un frein aux ébats.

181. Le lit idéal pour le sexe est le lit à barreaux, qui permet l'utilisation facile des liens, menottes et tout un tas aussi d'autres objets.

182. Eteignez toujours les téléphones avant de faire l'amour. Rien de tel pour casser l'ambiance. Si vous aviez oublié, surtout ne répondez pas, ni aux SMS, vous enverriez le message que «cette personne est plus importante que toi».

183. Regardez-le en entrouvrant délicatement vos lèvres et en les humectant. Une véritable invitation au plaisir. Pour aller plus loin, prenez l'un de ses doigts et portez-le à votre bouche.

184. Surprenez-le en taillant votre toison pubienne en forme de coeur par exemple, ou en la rasant, si vous le souhaitez, intégralement.

185. Le jazz ou le blues semblent être la musique la plus excitante pour faire l'amour. Ressortez donc Louis Amstrong ou autres CD de votre choix ! Choisissez ce qu'il aime...!
Evitez en tout cas le classique, la techno trop scandée ou les variétés. Testez différentes ambiances et prévoyez des playlists pour éviter les mauvaises surprises.

186. Si vous avez une poitrine généreuse, offrez-lui aussi une "branlette espagnole". Rapprochez et tenez vos seins serrés, et placez son sexe entre eux tout en faisant des mouvements de bas en haut. Vous pouvez aussi napper votre poitrine de lubrifiant pour obtenir encore plus de sensations.

187. Si cela vous tente, rejoignez-le sous la douche vêtue d'un grand tee-shirt au tissu très fin, de couleur claire de préférence. Laissez l'eau faire le reste ainsi que tout cet imaginaire érotique lié aux éléments de la nature...

188. Ayez une hygiène irréprochable. Une odeur corporelle un peu forte peut dégoûter un homme pendant longtemps. Prévoyez toujours des lingettes intimes, ou passez-vous un coup d'eau rapide si vous sortez du travail.

189. Tracez un chemin entre votre nombril et votre sexe, en chocolat, alcool ou chantilly, selon les goûts de monsieur, et invitez-le à suivre ce chemin de sa langue.

190. Vous pouvez aussi vous faire fabriquer un gode aux mensurations de son sexe. Il sera rassuré, car même seule, vous penserez à lui.

191. Dessinez sur votre corps un parcours et des instructions. «lécher par ici», «Suivre ce chemin jusqu'aux collines du plaisir» etc...

192. Profitez de l'érection matinale pour "abuser" de lui sans avoir à faire de préliminaires. Vous n'avez qu'à vous servir !

193. Donnez une nouvelle utilité à votre soutien-gorge : il fera office de menottes improvisées pour immobiliser les poignets de votre partenaire.

194. Placez des "kit-sexe" dans tous les lieux pouvant être potentiellement utiles : la voiture, la salle de bain, la cabane du jardin... Vous pouvez y mettre des préservatifs, du lubrifiant, des pastilles de menthe forte, de l'huile de massage.

195. Enduisez un petit morceau de votre corps de miel ou de confiture, et demandez-lui de le trouver uniquement à l'aide de sa langue.

196. Surprenez-le avec des "sex toys" ou des gadgets pour varier les plaisirs : le gode est un peu agressif, mais testez les anneaux vibrants, menottes, jeux de société érotiques... Innovez !

197. Achetez de la littérature érotique et lisez-lui aussi à haute voix les meilleurs passages. Cela avant de vous coucher. Vous pouvez aussi acheter un magazine érotique et lire à haute voix les témoignages des lecteurs.

198. Attendez-le, presque nue sur votre lit, avec l'air de n'avoir pas vraiment vu que vous l'étiez à ce point là....

199. Oubliez quelquefois de mettre un soutien-gorge, et restez dans les courants d'air. Vous pouvez aussi discrètement passer un glaçon sur vos tétons avant de vous balader devant lui, l'air de rien.

200. Glissez des photos ou des petits mots érotiques dans ses poches, son portefeuille, son agenda, sa mallette...

201. Faîtes monter l'excitation avec une chasse au trésor improvisée. Laissez négligemment un mot griffonné lui indiquant d'ouvrir le frigo (tiroir, ou autre lieu) s'il a envie de sexe. A l'endroit indiqué, laissez votre lingerie, ainsi que le lieu du prochain indice. Faites durer le jeu de longues minutes en l'envoyant dans de nombreux endroits. Lorsqu'il trouvera l'ultime mot lui donnant l'ordre de vous rejoindre pour avoir sa récompense, il sera très excité.

202. Modernisez le jeu de la bouteille. La personne désignée doit enlever un vêtement. Et définissez un gage érotique pour le premier qui finit nu.

203. Jouez à "action ou vérité" version sexe. Cela permettra de poser des questions crues et ainsi d'en apprendre plus sur votre partenaire... au milieu de gages voluptueux. Le but est d'arriver à jouer le plus longtemps possible sans succomber à l'appel du sexe déclenché par les gages.

204. Dans un endroit public, arrangez-vous pour lui faire savoir que vous ne portez pas de culotte (ou string) sous votre jupe. Pour plus de clarté, vous pouvez l'enlever sous la table de restaurant et la glisser dans sa poche.

205. Vous êtes séparés quelques temps par le travail ou un déplacement? Notez chacun vos fantasmes sur un carnet. Lorsque vous vous retrouvez, ou bien au téléphone, lisez vos fantasmes à haute voix.

206. Beaucoup de couples ont le fantasme de se filmer pendant l'amour. En réalité, l'amour devant une caméra est excitant... se regarder après l'est en général nettement moins !

207. Plus original : enregistrez juste le son de vos ébats, puis envoyez-lui le lien le lendemain par mail.

208. Dites-lui que vous avez un cadeau pour lui, et laissez-le découvrir un mot sexy que vous aurez introduit dans un endroit presque insoupçonnable...

209. Appelez-le au travail (si c'est possible) en vous faisant passer pour quelqu'un d'autre, juste pour lui glisser quelques phrases érotiques.

210. Promenez-vous nue ou sans culotte chez vous et perchée sur vos plus hauts talons, vaquez à vos occupations.

211. Enlevez la télé de la chambre ! Ou bien proposez-lui de regarder un film érotique ensemble. La télévision est le pire tue l'amour qui existe. Elle rompt toute communication...

212. Donnez-lui des "bons pour" : un massage, une fellation, une nuit d'hôtel... À utiliser lorsqu'il le voudra.

213. Prenez l'habitude de dormir nus. Le contact des peaux durant la nuit échauffe les sens et donne des réveils explosifs.

214. En revanche, ne vous promenez pas nue en permanence. Il faut que la nudité ne devienne pas banale. De plus, la suggestion est souvent plus excitante que la nudité intégrale.

215. Achetez pourquoi pas une tenue coquine originale et un jour de repos, alors qu'il lit dans le salon, vaquez à vos occupations ainsi vêtue.

216. Tentez de vous déshabiller mutuellement uniquement avec les dents. Fous rires garantis.

217. Préparez le repas et servez-le à votre chéri sur vous. L'entrée sur la poitrine, le plat sur le ventre, et le dessert un peu plus bas...

218. Et lorsque vous regardez la télévision avec lui, dès que les publicités démarrent, excitez-le, puis redevenez concentrée ensuite devant le film. Il va espérer la prochaine pause pub ...!

219. S'il rentre tard, attendez-le nue ou dans une pose lascive sur le lit, avec un mot "à volonté" et en faisant semblant de dormir.

220. Mettez du vernis phosphorescent et attendez-le dans le noir. Il ne verra de vous que vos doigts lumineux entièrement dévoués à son plaisir.

221. Faites l'amour dans une piscine publique ou dans la mer. Le fait de pouvoir vous faire surprendre à tout moment, ajouté au plaisir aquatique, vous donnera de folles sensations.

222. Proposez-lui de l'amener à l'orgasme en utilisant uniquement votre langue. Beaucoup moins facile qu'il n'y paraît au premier abord...

223. Envoyez-lui à distance des récits érotiques de ce que vous voulez lui faire le soir même. Vous pouvez pour cela vous créer une boite mail spéciale, ou bien les envoyer par texto.

224. Prenez une douche ensemble. Sans vous toucher, en utilisant uniquement le jet d'eau pour vous exciter.

225. Investissez dans une petite mallette remplie d'objets de plaisir (préservatifs, sex toys, huiles). Vous pourrez ainsi y puiser l'inspiration.

226. Au restaurant, partez aux toilettes puis envoyez-lui un message lui demandant de venir vous rejoindre... C'est encore plus excitant lorsque vous dînez avec plusieurs autres personnes très sérieuses...

227. Envoyez-lui des photos sexy de vous sur son mobile, et demandez-lui de faire de même.

228. Bandez-lui les yeux, puis présentez-lui une partie de votre corps à embrasser... il doit deviner de laquelle il s'agit.

229. Accueillez-le nue et masquée. Vous ajouterez une dimension de jeu et de mystère au sexe. Il pourrait même se lâcher comme jamais.

230. Achetez un livre de kamasutra, essayez toutes les positions et notez à côté vos commentaires. Chacun pourra ainsi savoir ce qu'en pense l'autre.

231. Masturbez-vous quelques minutes avant son retour, sans aller jusqu'au bout. L'excitation sera à son comble lorsqu'il rentrera et vous aurez trouvé une manière parfaite pour lui faire oublier son stress.

232. Réapprenez à séduire sans en avoir l'air. En sortant de la douche, ne vous habillez pas immédiatement et complètement. Promenez-vous une serviette négligemment enroulée autour de votre corps, et flânez devant lui.

233. Proposez-lui de regarder un film porno, mais préférez un site comme hard, qui diffuse des vidéos courtes d'amateurs. C'est beaucoup plus excitant.

234. La cuisine offre tout un panel de possibilités : assis sur le plan de travail, couchés sur la table, debout dans l'embrasure de la porte...

235. Un rocking-chair recèle un potentiel sexuel très fort... pensez-y avant de vider votre grenier aux encombrants. Le canapé aussi bien sûr...

236. S'il fait froid dehors et que vous êtes en voiture, trouvez un endroit isolé, arrêtez-vous et faites l'amour au chaud dans la voiture si cela vous tente...

237. Vous aimez les risques ? Tentez l'amour à la fenêtre, de préférence dans une rue fréquentée. Ou bien dans un parc aux beaux jours.

238. Si vous souhaitez mettre un peu de piment dans votre couple, emmenez-le dans un club échangiste. Regardez les autres couples, et rentrez chez vous faire l'amour avec passion.

239. Pour un danger maximum, promenez-vous un soir nue ou en porte jarretelles sous un manteau. Vive le sexe sous une porte cochère !

240. Vous manquez d'imagination? Achetez un kamasutra en vidéo et amusez-vous à reproduire en direct les positions.

241. Lorsque la météo est très mauvaise, emmenez-le en week-end. Passez deux jours enfermés dans l'hôtel à faire l'amour. Rien de tel pour se ressourcer et retrouver la passion des débuts.

242. Amusez-vous à faire l'amour lorsque vous ne devez absolument pas être entendus : chez les beaux-parents, avec un invité dans le salon...

243. Donnez-lui rendez-vous dans une chambre d'hôtel, et faites comme si vous ne vous connaissiez pas. Le fantasme de l'inconnu n'est pas un mythe !

244. L'eau fait partir la lubrification naturelle. Pour un bain crapuleux, rajoutez quelques gouttes d'huile.

245. S'il a le sommeil lourd, masturbez-le puis empalez-vous sur son sexe. Les hommes apprécient d'être des objets sexuels, et vous lui offrirez ainsi un magnifique réveil en douceur.

246. Procurez-vous une carte de votre ville, et marquez les endroits où vous avez fait l'amour. Le but du jeu est d'obtenir un maximum de nouvelles marques sur de nouveaux trajets...

247. Votre machine à laver emet de fortes vibrations ? Elle sera un parfait accessoire pour une séance de sexe passionnée.

248. Au cinéma, emmenez une fine couverture pour vous camoufler, et masturbez-le discrètement. Les lieux publics sont toujours très excitants.

249. Classique mais toujours aussi excitant : l'ascenseur que vous aurez coincé entre deux étages. Evitez tout de même de le faire dans un ascenseur très fréquenté et aux heures de pointe! Privilégiez le début de soirée.

250. Rejoignez-le au bureau pour "déjeuner" et offrez-vous un 13-14 h torride, dans la voiture, dans un parc ou encore mieux, à son bureau.

251. Un parking vide est un endroit qui peut être glauque, mais aussi extrêmement excitant, notamment en levrette sur un capot.

252. Notez tous les endroits où vous voulez faire l'amour. Mettez-les dans un pot, et tirez un papier au sort chaque semaine.

253. Les escaliers sont un lieu très intéressant pour les ébats. Ils permettent de multiples positions, alors ne vous en privez pas.

254. Demandez-lui de vous accompagner pour faire du shopping, et entraînez-le dans votre cabine d'essayage... Privilégiez les grandes enseignes plutôt que les petites boutiques, vous passerez ainsi inaperçus.

255. Tentez le cinéma coquin : trouvez une séance en semaine d'un film d'auteur en russe non sous-titré, et offrez-vous une projection privée... et torride.

256. Le train et l'avion sont des lieux sexuels idéaux : commencez par quelques caresses, puis rendez-vous dans les toilettes. La position idéale dans ces endroits étroits est d'être debout dos à lui et bien cambrée.

257. Pour votre prochain voyage en train, privilégiez le train couchette pour retrouver le plaisir d'être des ados en infraction, ou du luxe...

258. Ne faites pas toujours l'amour nus. De temps à autre, remontez juste votre jupe et laissez-vous aller au "quickie" tout habillés.

259. Tout ce que vous avez envie de faire à deux n'est ni interdit ni tabou, il suffit simplement que vous en ayez envie ensemble et d'un commun accord, en connaissance de vos propres besoins et envies respectifs...

260. Et pour finir, sachez que ce traité est là pour vous aider à vous rejoindre dans le partage de vos deux sensualités, afin d'atteindre l'accord intime parfait de votre couple...

II

260 CONSEILS
à l'usage des Hommes

*

INTRODUCTION

“ Je crois à la volupté de la chair et à l’irrémédiable solitude de l’âme ”

Hjalmar Soderberg

Nous venons de voir que les hommes sont de plus en plus exigeants sur le choix ou les performances de leurs partenaires, et qu’il vaut mieux savoir comment attirer, séduire et donner du plaisir. Il en va de même pour les femmes. On ne répètera jamais assez que le sexe est souvent très important pour l’équilibre et la durabilité du couple.

La question qui revient donc assez régulièrement est la suivante : *« Comment être un amant accompli et un homme sexuellement sûr de lui ? »*

En effet, comment devenir cet homme qui fait craquer les femmes et celui qui les comble de plaisir ? Celui qu’elles meurent d’envie de retrouver après une nuit d’amour sensuelle et torride ? Celui qu’elles n’auront sans doute jamais envie de tromper ?
Comme beaucoup d’entre vous, qui avez sûrement dû lire beaucoup d’articles qui promettent de vous métamorphoser en un amant parfait... vous espérez des choses concrètes...

Hélas, nous venons de le voir, bon nombre de ces fameux articles, souvent parus dans la presse ou autres réseaux sociaux, sont écrits par des journalistes qui n'ont pas pris le temps de se renseigner auprès des femmes pour savoir ce qu'elles attendent vraiment des hommes.

Par manque de vrais conseils utiles, ou de pratique pour certains, peut être aussi à cause de certains préjugés qui ont la vie longue, il vous est donc difficile d'effectuer de réels changements de comportement !
La sexualité féminine peut sembler mystérieuse pour qui n'y est pas initié. Même les séducteurs les plus expérimentés ne connaissent pas toutes les clés du désir et surtout du plaisir féminin. On croit souvent à tort que le corps de la femme, durant l'acte sexuel, se résume à son vagin ou ses seins. Voici très précisément l'erreur classique qui peut vous empêcher d'être un amant à son écoute.
Vous avez toujours rêvé de conseils savamment coquins mais simples à mettre en pratique pour rendre votre vie sexuelle plus palpitante ? Je vous en livre ici 260 avec des précisions détaillées.
Vous ne trouverez pas ici un mode d'emploi car ni moi même, ni aucun sexologue sérieux ne peut prétendre détenir la vérité absolue. Juste les conseils d'une femme et thérapeute qui a décidé d'utiliser son expérience pour vous guider dans la connaissance du plaisir féminin.

Oui, vous pouvez lui donner du plaisir. Oui, vous pouvez la rendre accro à vous. Oui, vous pouvez lui offrir ce dont elle rêve mais qu'elle n'a jamais osé demander. Oui, vous pouvez être l'amant le plus entreprenant, audacieux et viril qu'elle ait jamais connu. Il vous suffira de lire les 260 conseils de cet ouvrage pour vous en convaincre.
A lire seul ou en couple, cet ouvrage peut vous aider à booster votre vie sexuelle et de comprendre enfin ce qu'aiment les femmes

et ce dont elles ont besoin pour être comblées. Alors, si vous êtes prêts à comprendre quelques secrets bien gardés de la sexualité féminine, il vous faut éliminer toutes vos idées préconçues et vous informer avec précision. De nombreux problèmes dits "sexuels" ou maladresses comportementales commises envers les femmes ne sont souvent liés qu'à un manque d'information ou de "vraie" expérience à leur sujet.

Contrairement à l'homme, la femme a peu (voire pas du tout) de **fantasmes** érotiques virtuels, elle se prive donc de ce fait aussi d'un important moyen d'épanouir sa sexualité. Mais c'est la nature féminine qui est ainsi et on ne peut y changer grand chose, sauf pour quelques cas particuliers...
On a constaté que les femmes qui sécrètent le plus de testostérone (hormone mâle) sont celles qui ont le plus de fantasmes érotiques et surtout plus d'appétit sexuel. L'accroissement avec l'âge du taux de testostérone augmente donc les performances érotiques de la femme mais aussi en général. Elle devient alors plus directe, plus affirmée dans ses désirs, a parfois plus de confiance en elle, en un mot s'épanouit à la fois sexuellement mais aussi de manière générale dans sa vie personnelle ou professionnelle.

Ainsi, développer ses capacités aux fantasmes érotiques, sans pour autant sombrer dans une sorte de grossièreté ou de déviance (ça c'est le facteur culturel), devient indispensable à la femme mature. Ce qui d'ailleurs peut poser un certain nombre de problèmes et de questionnements identitaires aux hommes peu sûrs d'eux, de leur virilité, ou moins affirmés sur le plan sexuel (phénomène de la "cougar", recherchant des hommes plus jeunes qu'elle et très demandeurs sexuellement, dont on parle de plus en plus souvent et qui se précise).

Les hommes se sentent donc parfois trahis, à l'âge mûr, par ces femmes en quête d'autonomie et d'affirmation sensuelle, ce qui pousse certains d'entre eux à se demander comment se positionner vis à vis d'elles. Entrainant parfois soucis ponctuels d'impuissance, de sexualité difficile ou de "pannes" mal gérées. Mais nous y reviendront un peu plus loin dans cet ouvrage...

Il importe donc aux hommes souhaitant plaire à une femme, afin de susciter son désir sexuel, de l'aider à visualiser en douceur des situations érotiques sans pour autant se montrer lourds ou insistants, juste en suggérant les choses afin qu'elle puisse imaginer le plaisir à venir avec eux.

L'orgasme clitoridien ou vaginal

Les sexologues sérieux ne font pas la différence entre les deux. Le principal est que le plaisir soit présent. Les hommes doivent intégrer le fait que si pour eux, l'acte de pénétration, lié à l'instinct grégaire de possession, est essentiel et incontournable, les femmes voient les choses un peu différemment. Si vous lui procurez du plaisir, peu importe que ce soit par une pénétration ou des attouchements, son mental en est de toute façon comblé, par l'intérêt érotique que vous lui portez, et son plaisir sera néanmoins présent. Rien n'est pire pour une femme que de se sentir délaissée si l'homme pense que l'acte sexuel n'a pas été tout à fait réussi, du moins selon votre point de vue purement masculin, souvent lié à votre ego... Vous devez savoir que le désir d'orgasme est indépendant du désir de pénétration ou coït. Il peut suffire aussi à satisfaire la majorité des femmes.

Orgasme externe clitorido-vulvaire

Il y a contraction du muscle pubococcygien (0,8/sec) avec rétrécissement du tiers inférieur du vagin et élévation de sa partie supérieure profonde. Provoqué par une stimulation clitoridienne, l'orgasme se diffuse dans toute la plateforme vaginale. La sensation de satisfaction, contrôlée par la femme, est rapide et intense.

Orgasme coïtal profond
Il ne peut être généralement obtenu que par pénétration et pressions répétées du pénis. Il y a peu de contraction de la plateforme vaginale mais des contractions utérines régulières, ondulatoires, profondes, accompagnées parfois d'émission de liquide (par exemple, la femme fontaine). Son abandon total est nécessaire pour l'obtenir, alors que la femme contrôle l'orgasme clitoridien.

Aspect du comportement amoureux chez la femme :

Cet aspect comporte **3 étapes** majeures.

1 - Prise de contact

Elle se réalise généralement par le regard. Le désir né de ce simple contact visuel déclenche une sécrétion d'endorphines et une stimulation de l'hypothalamus. Il en résulte un léger état émotionnel. Dans cette phase, la communication non verbale a une grande importance, la posture du corps, mais aussi le sourire, à la fois expression d'attirance, d'invite inconsciente, sorte de "porte ouverte" vers l'acceptation de l'homme croisé en tant qu'amant potentiel.

2 - Phase d'identification
L'attirance que la femme ressent pour un homme prend naissance dans ses acquis socio-culturels, dans ses relations, surtout avec le parent du sexe opposé et sa propre expérience...
De nombreux signaux en provenance de l'imagerie paternelle (ou à contrario n'y faisant pas référence si le père a été trop présent), sont mémorisés par son cerveau et participent au choix du partenaire, et à son identification quant à une éventuelle suite d'ordre sexuel.

3 - Phase de préparation et d'accouplement
On constate quatre périodes distinctes :

. **Excitation :** Un dilemme se pose entre l'envie et l'angoisse de ne pas séduire. Le mésencéphale libère une hormone contrôlant le comportement sexuel, excitant la libido, amplifiant les désirs sexuels tels qu'être embrassée, caressée ou pénétrée. L'augmentation du désir produit une libération d'hormones sexuelles présentes chez la femme et sécrétées par les ovaires ou les surrénales. Ce qui prolonge et amplifie son désir. Excitation et émotion se mélangent, associées à différentes parties de son corps. Les seins peuvent augmenter de volume, les muscles de l'aréole se contractent. La peau peut rougir au niveau des joues, du front du cou, du thorax.

Le vagin bénéficie d'un afflux sanguin qui favorise sa dilatation. La vulve, dont les petites et grandes lèvres se gonflent, ainsi que le capuchon du clitoris.
Lors de cette phase d'excitation, le pouls s'accélère, la respiration est plus intense, les sécrétions d'hormones sexuelles se renforcent, en particulier les oestrogènes qui entrainent la lubrification plus ou moins accentuée des muqueuses du vagin.

. **Phase de plateau :** A cet instant, il n'y a pas de changement particulier, vulve et vagin se sont lubrifiés et gonflés, préparant en quelque sorte l'acte sexuel à venir. Les sécrétions diminuent pour être remplacées par celles des glandes de Bartholin.

. **L'orgasme :** Il dure en fait peu de temps, quelques secondes, avec des contractions pelviennes et de l'utérus rythmées, toutes les 0,8 secondes et quatre ou cinq fois au cours de l'orgasme. Une phase d'apnée se met en place, et la respiration est plus saccadée. Le fait de crier redonnerait parait-il une nouvelle respiration... Parfois, un très bref évanouissement, avec des bouffées puissantes de chaleur aux tempes, succède à l'orgasme et annonce le début de la phase de résolution.

. **Phase de résolution :** chez la femme, la récupération est rapide et les orgasmes multiples sont possibles. Plusieurs minutes sont nécessaires avant que la vulve et le clitoris puissent reprendre leur position réceptive habituelle...

Le but de l'acte sexuel est à l'origine celui de la procréation. Et si le plaisir existe, c'est pour que la femme ait le désir de voir l'homme se rapprocher d'elle à nouveau. C'est une réalité biologique...

Il était indispensable d'effectuer ces mises au point permettant de bien situer le comportement sexuel féminin de manière générale.

Nous allons pouvoir aborder à présent les 260 conseils évoqués tout au long de cet ouvrage...

I - Les jeux de mains

« L'amour est un Art

mais les artistes sont rares »

Proverbe

1. Les caresses et les baisers sont bien évidemment essentiels afin d'apprivoiser le corps de l'autre. Les hommes pensent souvent à tort que les femmes adorent qu'on leur titille ou mordille les tétons de manière vorace. C'est faux en général. Rien n'est plus excitant pour une femme qu'un homme qui caresse ses seins par effleurements et en douceur, cela l'excite beaucoup plus que des gestes brusques et malhabiles (cf : cinéma porno).

2. Même en dehors d'un moment de partage sexuel, habituez-vous à caresser et embrasser souvent votre partenaire sans raison précise. Cela contribue à érotiser son corps, et à lui donner confiance en elle et à se sentir désirable.

3. Assurez-vous d'avoir toujours une haleine fraîche avant de l'embrasser. Si vous n'avez pas de dentifrice sous la main, croquez dans un fruit.

4. Il existe une multitude de baisers différents. La pression, le frôlement, l'ouverture des lèvres, la langue, sont autant de facteurs qui changent votre baiser et son implication pour la suite. Utilisez ce délicieux moyen de communication pour lui faire passer des messages sans avoir besoin de lui dire un seul mot.

5. Le café, et surtout le tabac froid donnent en quelques minutes une haleine atroce. Si vous ne pouvez pas vous brosser les dents après en avoir consommé, prévoyez toujours des pastilles à la menthe extra forte.

6. Il n'est pas très agréable d'être caressée par des mains rugueuses. Une fois par semaine, gommez vos mains avec du gros sel mélangé à de l'huile parfumée. Frottez vigoureusement puis rincez-les à l'eau tiède. Elles deviendront de véritables “outils” pour les caresses.

7. Les hommes aiment en général les massages vigoureux et bien appuyés. Les femmes au contraire préfèrent les attouchements plus doux et plus sensuels. Les odeurs, l'ambiance, la lumière tamisée, tout cela concourt à les rendre confiantes. Transformez vos mains en outils caressants et faites des mouvements doux, lents et amples.

8. Utilisez le maximum de peau pour la masser, enduisez vos avant-bras d'huile, et utilisez-les comme un prolongement de vos mains lors du massage. Plus il y a de peau au contact de la sienne, plus le massage lui sera agréable.

9. Choisissez une bonne huile : elle ne doit ni chauffer, ni pelucher, ni être trop grasse ou au parfum entêtant. Malheureusement, il est très difficile de s'en rendre compte en magasin, il faut donc les essayer jusqu'à trouver celle qui vous conviendra parfaitement. Une bonne huile est la garantie de multiples jeux érotiques.

10. Si vous avez des crampes après de longues minutes de massage, caressez-la et complimentez-la sur la douceur de sa peau. Une femme aime voir votre corps dénudé, vos abdos, vos pectoraux, n'hésitez pas à vous comporter en objet sexuel fier de son corps et de sa musculature. Montrez-vous, montrez lui votre sexe en érection et entretenez ainsi son fantasme visuel.

11. Vous pouvez lui bander les yeux, puis écrivez sur sa peau des mots imaginaires avec la pulpe de votre doigt. Elle doit deviner ce que vous écrivez. Ce jeu est très excitant, surtout si vous écrivez des mots coquins, mais en plus les effleurements donnent de délicieux frissons.

12. Tentez le “body body” : enduisez-vous d'huile et massez-la avec votre corps tout entier. Cela peut sembler difficile, mais en réalité, c'est incroyablement sensuel. Commencez un body-body, elle ne résistera pas longtemps avant de vous demander de la pénétrer.

13. Après la douche, offrez-lui si elle apprécie cela, ou vous même, un massage sensuel des pieds. Directement issu de l'extrême orient. Les pieds sont des endroits extrêmement sensibles, totalement oubliés des jeux érotiques. Appuyez fermement votre paume sur la plante de ses pieds et massez circulairement pour une détente maximale (cf : la réflexothérapie)

14. Testez les huiles comestibles, incolores et au goût délicatement sucré. Dessinez un parcours invisible que vous effacerez du bout de la langue. Bien entendu, la suite sera de nettoyer intégralement son corps de toute trace restante. C'est d'ailleurs la partie la plus excitante.

15. Faites de la douche un véritable préliminaire érotique. Lavez-la intégralement, doucement, en n'oubliant aucune partie. (repensez à la scène du film “l’Amant” quand il fait couler de l’eau sur son corps). Attention, pas de savon à l’intérieur de ses muqueuses, parce que c’est irritant. Pour finir en beauté, massez-lui la nuque. Placez vos doigts bien écartés et appuyez la pulpe des doigts en effectuant des petits cercles. Cette sensation d'abandon est un prélude parfait à du sexe intense.

16. Mettez-la sur le ventre, et pendant plusieurs minutes, effleurez son dos et ses fesses avec la pulpe de vos doigts, pour l'électriser. Utilisez le bout de vos doigts pour décrire des trajets aléatoires, prenez ses fesses à pleines mains, puis recommencez à l'effleurer.

17. Si vous effleurez sa vulve offerte, allez-y en douceur sans obligatoirement y insérer un doigt. Attendez qu’elle vous le demande... et cela ne devrait pas tarder si vous vous y prenez bien.

18. Lorsque vous caressez son clitoris, faites en sorte que votre doigt tourne doucement autour, allez chercher l’humidité de son vagin et ramenez sa sécrétion vers le clitoris et l’intérieur des petites lèvres, très lentement, rien ne presse...!

19. Utilisez votre langue sur ses lobes d'oreille, le creux de son cou, le bout de ses tétons (surtout pas de morsure), beaucoup de femmes y sont très réactives. Attention : ne mettez pas votre langue dans l'oreille, mais explorez-en le contour en vous attardant sur les lobes. Pour cela, utilisez la pointe de votre langue.

20. Lorsque vous portez des sous-vêtements, utilisez des caleçons un peu amples et entrouverts, c’est très érotique car elle devine votre érection et son évolution, elle peut y glisser la main, vous caresser, et vous n’êtes pas comprimé par du tissu élastique qui vous serre. En général les petits slips comprimants sont à éviter et peu sensuels, gardez cela pour la plage ou la piscine.

21. De manière générale, quand vous vous déshabillez avant l'amour, évitez de garder vos chaussettes en restant nu, c'est un complet tue érotisme et d'un profond ridicule la plupart du temps... Et évitez de vous déshabiller intégralement, à la hâte, comme une corvée dont il faut vite se débarrasser, vous privez votre partenaire du plaisir de vous dénuder elle-même, à sa guise. Bref, cessez enfin cette précipitation à vous mettre entièrement nu, les femmes détestent cela...

22. Certaines femmes adorent la sensation du suçon. Faites-les à un endroit peu visible: les épaules, le creux des seins, les poignets... Par pitié, ne vous jetez pas sur son cou si vous avez dépassé la période de l'adolescence.

23. Placez votre main sur la sienne pendant qu'elle vous caresse, vous pourrez ainsi la guider et elle vous en sera reconnaissante. Demandez-lui de faire pareil. Vous sentirez ainsi quelles sont les zones érogènes à privilégier chez elle la prochaine fois.

24. Massez-lui doucement les seins en les prenant à pleines mains, mais très doucement ! Approchez innocemment votre sexe en érection le plus près possible du sien, puis remontez. Bien évidemment, continuez à la masser comme si vous n'aviez rien remarqué. Au bout de quelques minutes, elle devrait être folle de désir pour vous.

25. Pour toucher son clitoris humidifiez toujours vos doigts.... la peau à cet endroit est très sensible. Le contact avec une peau sèche sur le capuchon du clitoris peut donc être un peu douloureux. Un peu de salive suffira largement. Et procédez par frôlements.

26. Après plusieurs mois ou années de relation, les baisers ont tendance à s'espacer. Ne laissez pas la routine s'installer. Embrassez-la souvent et passionnément. Les baisers sont de plus un très puissant excitant.

27. Osez les baisers dans des lieux souvent délaissés. La nuque, le cou, le creux de sa main, l'intérieur de son poignet, son pubis... De nombreuses zones érogènes sont oubliées! Alors apprenez à redécouvrir son corps et à offrir des caresses au moindre centimètre de sa peau!

28. Les oreilles, la nuque et le cou sont des zones très inervées. De légères pressions avec la pulpe des doigts ou la langue déclencheront peu à peu son excitation.

29. Les tétons sont une zone très sensible. Léchez-les délicatement pour les sentir se durcir entre vos lèvres. Effleurez-les pour la sentir frissonner. Mais pas de pincement ni morsure ! Faites attention à vos dents, et guettez ses réactions, beaucoup de femmes n'aiment pas du tout que l'on mordille cette zone. Ou qu'on les palpe avec brusquerie.

30. Massez-vous mutuellement, puis découvrez les joies du sexe avec le corps recouvert d'huile. Pour profiter pleinement de ce moment, recouvrez le lit d'un drap qui servira à éponger toute cette huile.

31. N'oubliez pas les jambes. Les femmes sont particulièrement friandes du massage de l'intérieur des cuisses, tout près de l'aîne. Caressez-les lentement et pétrissez doucement en remontant doucement vers son entrejambe. Ce massage la détendra et renverra du sang vers sa vulve qui s'offrira à vous !

32. Les plumes sont un accessoire très intéressant pour les préliminaires. Essayez différentes textures : les dures, les duveteuses, les douces... Ecrivez doucement avec la tige et effacez ces mots virtuels d'un coup de plume. Caressez doucement ses seins, son ventre, remontez le long de son dos pour finir sur son cou.

33. Après un long massage, une fois qu'elle sera électrisée par vos caresses (et pas avant) commencez à vous intéresser à son sexe. Votre partenaire en mourra d'envie et n'attendra plus que ça ! Mais avec toujours beaucoup de douceur.

34. Caressez-lui longuement l'intérieur des cuisses, un endroit doux et très sensible aux caresses. Passez très près du clitoris, effleurez-le sans le toucher vraiment, éloignez-vous puis revenez, elle vous suppliera d'y venir...

35. Caressez l'entrée de son vagin, mais d'abord comme une banale partie de son corps, et avant d'y poser vos doigts de manière plus affirmée. Cela achèvera de faire monter la pression et le désir de votre partenaire qui ne tardera pas à vous supplier d'y introduire votre doigt.

36. Lorsque vous la doigtez, n'oubliez pas d'utiliser l'autre main pour les fesses. Manipulez-les très délicatement, massez-les doucement, caressez-les, faites en sorte qu'elles s'écartent en douceur pour ouvrir son vagin.

37. Caressez-la à travers son string ou sa culotte que vous n'enlèverez pas tout de suite.. Pour cela commencez par effleurer la zone. Puis tracez les contours de son clitoris sur le tissu. Appuyez vos doigts de plus en plus forts jusqu'à pouvoir pratiquement le saisir. Continuez jusqu'à ce qu'elle vous supplie de l'enlever...

38. Passer vos mains sous l'eau brûlante avant de la caresser. Cela afin de diffuser une agréable sensation de chaleur dans tout son bassin. Vous pouvez également mettre du lubrifiant sur vos mains puis les frotter l'une contre l'autre pour donner de la chaleur.

39. Ne mettez pas le lubrifiant directement sur sa vulve. Surtout pas ! Vous pouvez aussi mettre du lubrifiant sur ses seins, puis faire glisser votre sexe en érection sur sa poitrine.
40. La salive fera un très bon lubrifiant naturel. Léchez sensuellement les doigts d'une main puis passez-les sur son sexe, pendant que vous répétez l'opération avec l'autre main.

41. Si vous êtes d'humeur très coquine, caressez-vous le sexe avec du lubrifiant puis pénétrez-la d’un coup, sans qu’elle s’y attende, juste le temps de lui prouver votre désir, puis resssortez très vite, afin de créer un état de manque. Elle ne tardera pas à vous supplier d’y revenir et d’y rester. Pour que cette technique soit efficace, il faut être assez sûr de pouvoir vous contenir... être très rapide (technique tantrique de retenue) car la femme aura du mal à vous laisser ressortir !

42. Demandez-lui de vous montrer comment elle se masturbe ou se caresse, chaque femme aime un type de toucher et de technique ou de rythme différent, et vous ne pouvez pas le deviner. Si elle n'ose pas s'adonner à cette pratique devant vous, proposez-lui de le faire en même temps que lui. Ainsi vous apprendrez à deux tout en vous délectant du spectacle.

43. Le sexe commence au bas de l'abdomen. Masser cette zone procure des sensations délicieuses. Utilisez votre paume pour effectuer des pressions progressives et circulaires sur son bas ventre, tout en posant votre main sur ses seins.

44. Variez la vitesse de votre geste, en vous occupant de tout son sexe, pas seulement du clitoris. Un rythme trop rapide ne donne souvent aucun plaisir et peut même l'agacer. Pour cela, vos mouvements doivent être amples et ne pas se concentrer sur une seule zone en particulier.

45. N'hésitez pas à utiliser vos deux mains, et à tester plusieurs techniques en n'oubliant pas d'être à l'écoute de ses réactions. L'expression de son visage, ses soupirs, la crispation de ses mains et sa respiration sont tous les indicateurs à observer pour juger de son degré de plaisir.

46. La classique : poser toute la main autour de la vulve et effectuer des mouvements circulaires. Il faut varier les pressions des doigts régulièrement. Vous pouvez placer la main pouce vers le haut ou vers le bas, sur le clitoris. Les points de contact sont différents selon votre position et la sienne.

47. La classique améliorée : même position que précédemment, mais avec un seul doigt, afin de tourner autour du capuchon de son clitoris qui doit toujours rester humide. De manière générale, dites-vous que le clitoris est l'équivalent de votre gland, mais en plus petit. Faites-lui ce que vous aimeriez qu'elle vous fasse, mais plus doucement, car fragile.

48. Le doigt : c'est un point peu évident pour certains d'entre vous. Faut-il insérer un ou deux ou trois doigts dans le vagin de votre partenaire ? Cela dépend d'elle et aussi de son ouverture à ce moment là. De toute façon, soyez à son écoute et n'insistez pas si vous sentez une gène de sa part à ce sujet. Affaire d'appréciation...

49. La technique de la paume : d'une main, caressez son sexe, et placez la paume de l'autre main, sur son sein, ou ses fesses et faites de légers mouvements circulaires. Cela crée un climat de confiance et elle se sent “maintenue”... Cette technique demande une bonne coordination, mais est normalement très efficace car elle stimule en permanence l'ensemble du corps.

50. Assis à la japonaise, derrière elle, les yeux mi clos, respirez lentement. Caressez son visage du bout des doigts, descendez le long de ses épaules, prenez ses seins dans vos mains mais par en dessous, doucement, sans les contenir, en les laissant libre, en effleurant les tétons de vos pouces, tout en gardant vos autres doigts légers en soutien. Elle ne devrait pas tarder à vous supplier de la prendre et de la pénétrer.

51. Mettez-vous sur elle, et amenez votre sexe au dessus de son visage. Si elle est suffisamment excitée par les préliminaires effectués, elle pourra effectuer une fellation confortablement installée, et jouira de la vision de votre sexe et de vos testicules offerts à sa langue et à ses baisers. Garanti torride... vous n’aurez qu’à vous laisser aller au plaisir partagé.

52. Allongé sur le côté, pétrissez ses hanches et ses fesses d’une main, caressez ses seins de l’autre et... écartez sa cuisse pour la prendre en douceur par derrière. Continuez de caresser et de tenir ses seins durant l’acte sexuel. Maintenez son corps serré contre le votre. En position levrette, lorsque vous la pénétrez, faites en sorte de garder ses seins dans vos mains en frôlant ses tétons. Cela nécessite un peu d’entrainement, mais cela la rendra littéralement folle de plaisir. Bref, chaque pénétration doit être associée à des caresses sur les autres zones érogènes du corps de votre partenaire. Trop d’hommes se contentent d’une pénétration sans rien faire d’autre en même temps, en se concentrant uniquement sur le coït. Cela vous permettra en plus de retarder le moment de l’éjaculation, puisque vous serez concentré sur autre chose que votre pénis ou son bon fonctionnement à ce moment là.

53. Certaines femmes ont le besoin intense d'être rassurées, de se sentir entre les mains expertes d'un homme à qui elles peuvent s'offrir sans retenue. Alors regardez-la dans les yeux lorsque vous lui faites l'amour !

II - Cunnigulingus et Point G

" De ton ventre chaud, je veux goûter
les sources du plaisir aux fontaines de vie
Des lèvres sublimes inondées de leur miel "

Poème anonyme

54. Le cunnigulingus est une histoire de goût. Il existe une multitude de techniques. Pour savoir ce qui plait à une femme, le meilleur moyen est de le lui demander. Est-ce qu'elle préfère la douceur, un rythme lent ou rapide ? Que cela dure longtemps, ou juste un instant ? Attendez un moment d'intimité, et mettez immédiatement en pratique ce qu'elle vous indique. Montrez-lui que vous la désirez !

55. Faites très attention à vos dents. Le moindre contact avec son sexe, et particulièrement le capuchon du clitoris, peut être extrêmement désagréable. Aucune morsure surtout ! Il faut surtout qu'elle ait le sentiment d'être en sécurité et que vous ne lui ferez pas mal...

56. Ne commencez pas directement en vous jetant sur sa vulve, ce serait trop abrupt. Embrassez et léchez son pubis, son bas ventre, entrouvrez doucement ses petites lèvres, goûtez la comme un met précieux, sans brusquer les choses, avant d'enfin lécher son clitoris et toute la zone autour, et avec beaucoup de douceur.

57. Ce n'est pas un mythe, les femmes aiment qu'on s'occupe d'elles. Certaines abusent de leur passivité, d'autres au contraire aiment être plus actives. Tout est affaire d'adéquation et d'entente entre vous deux. Et pas de mystère, plus il y a de liquide, plus ça glisse, et plus le cunnigulingus est agréable. Utilisez donc votre salive comme lubrifiant, et faites attention à bien écarter ses petites lèvres lorsque vous la léchez.

58. La technique classique consiste à faire des va et vient de vos lèvres et de votre langue autour de son clitoris. Vous pouvez utiliser vos mains pour écarter sa vulve en douceur, tenir ses fesses ou masser ses seins. Ne la lâchez pas! Et surtout, ne montrez-pas les dents !!!

59. Vous pouvez aussi souffler doucement sur le capuchon. L'erreur classique serait de vous précipiter, de lui imposer un rythme qui ne lui convienne pas. Faites en sorte qu'elle reste en attente...!

60. N'essayez pas à tout prix de la faire jouir rapidement, restez en limite de la volupté et du plaisir, retenez votre élan masculin qui consiste à vous précipiter, jouez avec sa vulve, et si vous vous occupez bien de son clitoris, cela sera déjà bien suffisant. Vous le sentirez durcir, se gonfler, “souffrir” presque de ne pas en avoir plus... Et vous en aurez vous même un infini plaisir, celui de maitriser le sien et de la faire attendre...

61. Votre langue doit courir le long de son capuchon, pour l'humidifier et effectuer des pressions ou léchades. Testez différentes possibilités, avec des coups furtifs du bout de la langue. Ou enveloppez-le entièrement en le lapant comme une glace, faites tourner votre langue doucement autour de la zone excitée.

62. Une technique appréciée : placez vos lèvres comme pour faire un bisou. Puis posez doucement vos lèvres sur son clitoris, et exercez une légère pression jusqu'à ce que ses petites lèvres soient bien écartées. Elle ne tardera pas à vous supplier de la pénétrer de votre sexe ou de vos doigts.

63. De temps à autre, regardez-la droit dans les yeux tout en donnant de petits coups de langue sur son sexe... c'est très excitant pour elle. Et qu'à aucun moment elle n'ait l'impression que vous vous forcez pour lui faire plaisir. Elle doit sentir que vous avez vraiment envie de ça. Si ce n'est pas le cas, il vaut mieux ne rien faire...

64. Nul besoin de prendre un regard de loup affamé, soyez très doux, même si vous êtes très excité et que vous avez envie de craquer et de la pénétrer d'un coup. De manière générale, le tantrisme vous recommande d'être zen, de faire durer le temps...

65. Lorsque vous aurez assimilé ce qui la rend folle, amenez-la au bord de l'extase, puis ralentissez le rythme et ainsi de suite. Son orgasme clitoridien final sera incroyable ! Cela demande une grande maîtrise, et une parfaite connaissance de votre partenaire. Mais si vous y parvenez, vous la rendrez dépendante au sexe avec vous, elle sera accro !

66. N'attendez pas qu'elle vous le demande pour entamer un cunnigulingus. Sentir son clitoris doubler de volume, se gonfler contre votre langue sera très excitant pour elle, et aussi pour vous, car toute cette humidité vous prouvera à quel point vous parvenez à la faire vous désirer. De plus il est palpitant pour vous de sentir à quel point vous pouvez maitriser son envie de vous. Sans que vous ayez par ailleurs à effectuer la moindre performance, puisque vous devez en principe ne même pas envisager de la pénétrer lors de cette phase, mais à lui offrir ce qu'elle attend de vous... c'est à dire votre désir profond.

67. C'est à ce moment là que vous pouvez envisager de la pénétrer, soit elle vous suppliera de le faire, soit elle aura déjà eu un orgasme clitoridien, donc vous devrez attendre quelques minutes pour que la vague de son désir revienne. Là encore, c'est une affaire d'appréciation...

68. Un bonbon fort à la menthe décuple les sensations lors d'un cunnigulingus... En effet la menthe garde son effet de fraîcheur au contact des muqueuses et donc du clitoris.

69. Elle est trop fatiguée pour faire l'amour ? Proposez-lui de ne pas bouger et occupez-vous uniquement de caresser sa vulve doucement.

70. Si vous avez envie de l'exciter sans avoir l'air, lorsque vous lui faites un cunnigulingus alors qu'elle est allongée sur le dos, débrouillez-vous pour qu'elle sente votre érection et que sa main puisse avoir accès à votre sexe ou vos testicules qu'elle pourra caresser en même temps.

71. Un cunnigulingus peut durer de 2 à 20 minutes. Si vous en avez assez, remontez pour commencer les choses sérieuses. Un petit : «Maintenant je veux te prendre» ou plus cru (te baiser) devrait suffire pour qu'elle vous réclame.

72. Technique de la “langue de chat”, tirée du Kamasutra : vous offrez avec désintéressement à votre partenaire jouissance et volupté. Parfois, c'est parce que la femme refuse la pénétration, ou bien parce que l'homme est épuisé (ou en difficultés d’érection) et la femme pas encore apaisée... parfois aussi ce don amoureux est un préliminaire à une autre relation sexuelle. De fait, l'odeur du sexe féminin, ainsi que la jouissance clitoridienne, sont pour vous des stimulants érotiques très puissants. Technique très efficace our les hommes ayant quelques difficultés à maintenir une érection.

73. D'une main, maintenez-la, pour qu'elle n'échappe pas à tous les raffinements que lui préparent votre langue et vos lèvres. Enfoncez ensuite votre langue en forme de pointe dans le vagin entrouvert, très doucement, et le plus profondément possible. Puis, ressortez lentement la langue en revenant au clitoris, jusqu'à ce qu’à bout de plaisir, elle se délivre de sa tension et jouisse. De l’autre main, caressez-la.

74. Continuez encore quelques secondes après son orgasme clitoridien, car à ce moment-là son sexe est encore très sensible. Ralentissez le rythme et évitez de trop toucher le capuchon du clitoris, vous sentirez d’ailleurs qu’il se rétracte.

75. Certaines femmes n'aiment pas qu'on les embrasse directement après un cunnigulingus, laissez-la faire le premier geste pour vous embrasser. Et si elle souhaite que votre sexe la pénètre ensuite, laissez-la décider du moment où elle sera prête, votre rôle est d’attendre et d’être en quelque sorte à la disposition de son désir. Vous devez apprendre à maitriser cela...

76. En ce qui concerne l’éjaculation féminine, cela reste controversé et ne concerne pas toutes les femmes. Le terme est particulier car l’émission de liquide lors de son orgasme est variable en quantité, clair, inodore et incolore. Il ne s'agit absolument pas d'urine, contrairement à ce qui était cru autrefois. On appelle cela les "femmes fontaine", ne soyez pas surpris, si cela arrive à votre partenaire.

77. Pendant un cunnigulingus, surtout si vous sentez que votre érection est un peu faible, ce qui peut arriver, vous pouvez placer discrètement un petit vibromasseur contre sa vulve. Elle goûtera à la langue vibrante ! Vous pouvez aussi l'utiliser à vitesse réduite pour la pénétrer en douceur. Et uniquement si elle le souhaite...

78. Le cunnigulingus n'est pas un acte de domination sur la femme, mais d'offrande désintéressée, même si cela vous procure un immense plaisir. C'est un abandon total de la femme à l'homme, et vice versa....

79. Ne vous contentez pas d'une seule position, il y a de nombreuses variantes qui donneront du piment et vous permettront d'explorer de nouveaux "angles de confort". Soit elle est légèrement assise sur vous, son pubis au niveau de votre visage, soit votre visage est positionné entre ses cuisses, soit bien sûr en position "69" ce qui lui permet de son côté de pratiquer une fellation en s'occupant de votre sexe.

Voici quelques exemples :

80. Elle est debout et vous êtes à genoux devant elle. Cette position est pratique car elle vous laisse libre de vos mouvements, et vous permet de bien vous occuper de ses fesses. L'idéal étant qu'elle prenne appui contre un mur.

81. Elle est allongée sur le dos et vous êtes à plat ventre ou accroupi entre ses jambes. Agréable sur le début, cette position peut provoquer des crampes au cou et au dos.

82. Elle est allongée sur le dos, ses fesses placées à l'extrême bord et un peu en dehors du lit, et vous êtes à genoux entre ses cuisses. Effet torride et très sensuel garanti car sa vulve s'en trouve particulièrment offerte...

83. Même chose, mais elle est en position levrette, vous derrière elle, ou en dessous, et elle peut s'offrir complètement à vos lèvres et votre langue. L'intérêt est que ses seins aussi sont offerts plus librement, ce qui vous permet de vous en occuper par des caresses pour revenir ensuite à son clitoris.

84. Pendant l'acte, stoppez la pénétration pour lui offrir un cunnigulingus, elle ne s'y attendra pas, et sera délicieusement surprise. Tout en vivant la frustration du manque subit de votre pénis comme une excitation supplémentaire. Le but est de sans cesse “retarder” pour obtenir à la fin une jouissance plus forte. La notion de contrôle étant là encore liée au tantrisme...

85. Et surtout : le meilleur cunnigulingus du monde sera un cauchemar si elle sent que vous n'y prenez pas de plaisir. Ou même du dégoût. Le sexe oral est avant tout le plaisir de donner à l'autre. Une femme sentira si vous essayez d'aller le plus vite possible pour en finir. Et elle finira par se bloquer, ce qui n'est pas le but...

86. Gardez un maximum de salive dans votre bouche afin d'enduire et d'ainsi lubrifier son capuchon. Si vous n'en avez pas assez, gardez toujours une bouteille d'eau à proximité pour vous rafraîchir.

87. Pendant un cunnigulingus, arrêtez-vous et soufflez délicatement sur le clitoris. La sensation de froid après la chaleur de votre langue la fera frissonner. Et bien sûr jamais de morsure.

88. Vous pouvez aussi explorer le périnée, qui est la zone située entre le vagin et l'anus. Exercez-y de légères pressions.

89. Toutes les femmes ne sont pas réceptives au fait de pouvoir prendre du plaisir par des zones proches de l'anus. Ce tabou est encore persistant, mais il ne tient qu'à vous de lui montrer en douceur qu'elle peut être agréablement surprise. Y introduire un doigt, avec bien sûr une hygiène irréprochable, sans forcer, durant vos caresses, peut être un atout. Mais ne faites rien qui ne soit consenti... et attendez de voir sa réaction sans insister si cela la gêne.

90. Essayez le cunnigulingus à la japonaise : un bol de glaçons, un bol de thé brûlant, et alternez bouche glacée et bouche brûlante autour de sa vulve. Certaines femmes détestent.... d'autres sont très excitées par ces sensations opposées.

91. Lors d'un cunnigulingus, soyez très attentif à ses réactions. Lorsqu'elle vous montre qu'elle aime ce que vous faites par des soupirs et gémissements, continuez en douceur avec cette technique.

92. Soyez patient. Si vous arrivez à faire durer le cunnigulingus jusqu'à ce qu'elle vous supplie d'arrêter, pour la pénétrer, vous avez tout gagné.

93. Si le fait de sucer son clitoris et sa vulve ne vous excite pas vraiment, masturbez-vous pendant que vous le faites. Si elle s'en aperçoit, soit elle en sera très excitée, soit elle ne tardera pas à vous caresser d'elle même...

94. Vous pouvez utiliser toutes sortes de choses pour enduire son sexe. Attention tout de même à tout ce qui est très collant, écoeurant ou irritant. Préférez de la crème, de la confiture, bref quelque chose de sucré et de non agressif pour les muqueuses. Le pire serait qu'elle ressente une brûlure ou un désagrément quelconque...

95. Le "69" demande beaucoup de concentration car il faut prendre du plaisir tout en faisant attention à ce que l'on fait. Cependant il procure une sensation d'abandon réciproque.

96. Selon vos tailles respectives, trouvez la position - vous ou elle au-dessus - qui vous est la plus confortable. Sachez que le plus excitant pour elle, et le moins "gênant", est de se trouver en dessous de vous et vous au dessus d'elle. Garanti torride avec vue parfaite sur vous...

97. Au-dessous, vous aurez normalement beaucoup moins d'amplitude pour manoeuvrer. Mais vous pourrez vous concentrer sur sa vulve et ses seins offerts. Si vous êtes au dessus, utilisez toujours une main pour ses seins, ses fesses ou son bassin, et l'autre pour maintenir son pubis dans le bon angle de votre visage.

98. La position "69", très excitante, ne dure en général pas très longtemps. Amusez-vous à l'amener au bord de l'orgasme, jusqu'à ce qu'elle vous supplie de la pénétrer en la retournant dans le bon sens. Celui que vous choisirez à ce moment là en fonction de vos envies.

Et à propos du fameux Point G... ?

99. Ce fameux point G a fait couler beaucoup d'encre. Cette zone de grande sensualité du vagin relève-t-elle du mythe ou de la réalité ? Dans un sondage réalisé auprès d'internautes, 65 % des personnes interrogées affirment ne pas avoir trouvé leur point G ou celui de leur partenaire. De nombreux scientifiques s'accordent pourtant aujourd'hui sur son existence bien réelle.

100. Quelques femmes présentent une zone très sensible sur la face antérieure de leur vagin. Sa stimulation provoque non seulement excitation sexuelle et plaisir, mais cet endroit réagit également par un léger gonflement.

101. Ce fameux point de Gräfenberg se situe derrière l'os pubien, et vous pouvez l'atteindre à l'aide de votre doigt sans grand problème.

102. Si on considère que le nombril est midi, le pont G se situe entre 11h et 1h. Très en profondeur, il faut appuyer assez fort pour le stimuler. Là il grossit, se gonfle, pouvant atteindre la taille d'environ deux centimètres.

103. La position idéale, lors d'un rapport sexuel pour le stimuler, tendrait à prouver que celle de la "levrette" serait la plus efficace pour atteindre facilement l'orgasme profond.

104. Pour une bonne stimulation, il faut que le frottement soit rapide, vigoureux et rythmé. A un moment, cette stimulation peut s'associer à l'envie d'uriner, et maintenue un moment, elle conduit à un orgasme vaginal intense.

105. La meilleure position pour repérer le point G est donc la suivante : la femme allongée sur le ventre, hanches et bassin cambrés, jambes écartées, introduire deux doigts, paume vers le bas. Appuyez fortement par pressions et frottements rythmés. La femme doit guider vos doigts.

106. Une autre position : la femme est accroupie, d'une main appuyez sur le bas de l'abdomen, au dessus de l'os pubien. Pressez avec un ou deux doigts sur la paroi antérieure du vagin en poussant vers le haut. La stimulation doit durer un certain temps mais s'il y a irritation ou aucun plaisir, n'insistez pas et préférez la première position.

107. De manière générale, ne forcez jamais les choses ou les attouchements. Tout doit se faire dans le plaisir, les souhaits de l'autre, l'attention portée à ses désirs et surtout le respect des envies ou même des blocages ou frustrations possibles de la femme qui partage ces instants d'intimité avec vous. Ne forcez jamais rien...

Et à propos d'impuissance... ?

108. Je n'aime pas trop utiliser ce mot assez réducteur. Je préfère parler de pannes ou de bugs. Les hommes ne seront jamais à l'abri de ces fameuses "pannes" qui gâchent la vie de certains d'entre eux. Sachez que rien n'est irrémédiable et que cela arrive à tous les hommes dans leur vie. Donc pas de panique. Vous pouvez réagir, il existe des techniques et des voies de contournement qui donnent autant de plaisir qu'une simple pénétration classique !

109. Un trouble érectile est constaté à partir du moment où votre érection n'est pas suffisante ou d'une durée trop brève pour une pénétration. Il est occasionnel ou répétitif. Cela fait partie de la sexualité masculine normale et vous pouvez y remédier. Ces pannes ont-elles lieu malgré des stimulations directes, sont-elles totales (c'est à dire aucune érection) ou seulement au moment de la pénétration, avant ou après ? Beaucoup de causes sont d'ordre psychologiques et reliées à des blocages antérieurs...

110. Pour commencer, essayez de supprimer les causes d'anxiété, d'émotivité, de peur de ne pas être à la hauteur, bref, cessez de "penser"...

111. Un homme qui a des pannes manque de confiance en lui et d'assurance. La peur de l'échec peut même devenir une véritable phobie. Cet homme agit en spectateur de sa vie et non pas en acteur de ses désirs. On dit qu'il se bloque. Son "devoir de virilité" lui imposant d'être performant, le meilleur, le plus fort, mais cet état d'esprit inconscient agit exactement comme un levier contraire à sa libération. En se focalisant sur lui-même, cet homme en oublie sa partenaire et ses désirs et, au lieu de participer et de lui faire vivre l'évènement et l'acte sexuel de façon épanouie et libre, son comportement anxieux crée l'échec. Donc, un mot d'ordre : le lâcher-prise et la décontraction.

112. Sachez qu'une femme n'attache pas autant d'importance que vous à ce type de situation... Je l'ai d'ailleurs évoqué au début de ce traité, sujet que j'ai abordé dans les précisions utiles. Il est donc inutile de paniquer, et surtout de refuser d'en parler, cela serait encore pire et ne ferait que renforcer vos blocages en la matière. On dit toujours que la verbalisation d'un problème ou d'un ressenti en atténue non seulement les effets, mais contribue à l'évacuer ou le diminuer fortement...

Voici quelques techniques permettant aux hommes de contourner et d'évacuer ce blocage :

- Activation des **idées positives** vous redonnant confiance en vos capacités personnelles. Eliminez craintes, sources de conflit, relations passées toxiques, suppression de vos interdits.

- Défocalisation de l'attention sur l'acte sexuel en lui-même en prenant du recul sur la notion de **pénétration = virilité**, en étant indifférent aux réactions de votre partenaire et en vous concentrant sur vos propres sensations intimes, sans chercher à tout contrôler, ni absolument maitriser...

- Utilisez vos **fantasmes personnels** de séduction ou d'érotisme et vous désensibilisant de situations d'échecs passés, de vos peurs et interdits ou tabous éculés.

- Associez votre érection à une notion de **plaisir/satisfaction** plutôt que contrainte/interdits.

- Etablissez une mémoire et une échelle de vos échecs passés en éliminant de votre mental les expériences négatives entrainant l'origine de votre **peur ou méfiance** envers les femmes.

- Laissez la femme caresser vos zones érogènes: bas-ventre, face interne des cuisses, périnée, en lui exprimant si ce que vous ressentez est agréable et vous donne du plaisir.

- Si des érections se produisent, apprenez à les voir s'estomper sans vous angoisser... Ne pas essayer obstinément de pénétrer votre partenaire. Ce qui va vous destresser sur l'acte en lui-même. Laissez-vous recevoir du plaisir sans chercher à le diriger. Bref, restez plutôt passif et **à l'écoute de vos propres sensations**.

- La femme intervient directement sur votre pénis en faisant glisser le prépuce d'avant en arrière sur le gland avec la main mais aussi avec la bouche si elle en a envie. En même temps, elle continue à vous caresser, vous devez vous laisser faire et ne pas chercher à dominer la situation, ou à la reprendre en main. Le **coït est toujours interdit** à ce stade.

- La pénétration n'aura donc lieu que lorsque vous aurez repris **confiance** en vos capacités d'érection. Je recommande donc la position d'*Andromaque* (la femme au dessus de l'homme). Car c'est souvent au moment de s'installer sur le ventre de sa partenaire que l'homme perd parfois son érection. Vous pouvez aussi utiliser la *levrette* (car votre excitation visuelle sera à son maximum). Et aussi pour finir tenter une pénétration, même si votre pénis n'est pas à son maximum de dureté, car il est très possible que votre **érection augmente** sous les contractions du vagin de la femme, et du plaisir ressenti.
Là aussi ne forcez rien et soyez très calme...

... Ou le vaginisme chez la femme... ?

113. En ce qui concerne ce trouble féminin, il pourra aussi vous arriver de croiser une partenaire que vous ne parviendrez pas à pénétrer, quoique vous fassiez pour détendre l'ouverture de son vagin, comme obstrué pas une sorte de mur.
Pas de panique, on appelle cela le vaginisme. Il s'agit d'un rétrécissement de l'ouverture vaginale du à une contraction spasmodique et involontaire du muscle constricteur du vagin. Les spasmes de ce muscle sont associés à une contracture de l'ensemble des muscles du périnée. Dans sa forme extrême, si vous essayez de forcer l'entrée, ce qu'il ne faut surtout pas tenter, ce serait pire encore, le coït est très douloureux, voire impossible...
Sachez qu'il ne s'agit pas de frigidité ni de manque de désir de la part de votre partenaire. C'est plutôt une sorte de refoulement de la libido, lié à une sorte d'interdit inconscient, situé au stade génital et oral. Au niveau comportementaliste, c'est un réflexe conditionné. À un stimulus (pénis, doigt), succède un réflexe de spasmes des muscles du vagin. Le pénis serait en quelque sorte

pour le vagin ce que le moucheron est pour l'oeil... Ce conditionnement s'installe pour diverses raisons comme les tentatives maladroites et brutales du partenaire inexpérimenté, ou surtout par la peur de toute pénétration... presque une peur panique de laisser un élément étranger entrer en elle...
Cependant, vous pouvez détendre votre partenaire par la masturbation ou le cunnigulingus, elle y prendra du plaisir.

Les femmes vaginiques sont anxieuses, souvent phobiques, parfois limitées par l'anxiété de l'intromission du pénis dans leur vagin. Elles peuvent en trouver l'origine dans un acte de violence passé et non résolu, un partenaire maladroit, la peur d'avoir mal, une virginité tardive, mais elles sont néanmoins capables d'orgasmes. La solution peut être pour vous de faire l'amour sans pénétration, par simple frottement de votre pénis sur son pubis.
La solution passera forcément pour elle par un travail psychothérapeutique de fond mais cela n'est pas notre propos dans ce livre.

A votre niveau, il vous faut être progressif en raison de possibles rapports douloureux. Des massages, tels qu'expliqués au chapitre précédent, peuvent faire des merveilles au niveau de la résolution de l'anxiété de votre partenaire.
De la patience aussi, avec des exercices périnéaux se focalisant sur de la chaleur et des caresses très douces. Cela pour éviter la tendance à l'agressivité envers les hommes en général que véhicule depuis l'enfance une femme à connotation vaginique.
Mais il est évident que cette particularité, donnée ici pour vous à titre d'exemple, n'est pas le propos de cet ouvrage.

III - La Pénétration

" Le sexe,

c'est ce qu'il y a de profond

entre l'homme et la femme "

Proverbes et Maximes

114. Trouvez un juste milieu entre la mono-position et le zapping intempestif. Deux voire trois positions sont une bonne moyenne. Sans forcer les choses.

115. Ne tentez pas de réaliser des prouesses dignes des sportifs de haut niveau et restez concentré sur ce que vous savez et aimez lui faire, sans chercher des positions extrordinaires qui au fond ne vous amèneront rien de mieux.

116. Variez les plaisirs avec les préservatifs, essayez les nervurés, les perlés et les ultra fins type seconde peau. Intégrez-les complètement comme objets de plaisir et non plus comme une corvée. Vous pouvez la laisser le placer sur votre verge, transformant ainsi ce moment peu glamour en une caresse érotique. Les femmes savent très bien placer un préservatif et elles aiment le faire.

117. Une fois le préservatif placé, ne vous précipitez pas pour la pénétrer. Les femmes aiment bien jouer avec votre sexe... Patience...

118. De manière générale, soyez à l'écoute de ses attentes et faites les choses quand c'est elle qui vous le demande. Vous le saurez très vite.

119. Lorsque vous êtes sur elle, placez votre sexe contre son vagin sans la pénétrer, contentez-vous d'effleurer sa vulve, excitation garantie, et entrez juste d'un centimètre. Continuez très doucement, puis empalez-la d'un coup. Elle en défaillera de plaisir, surtout si vous ressortez aussitôt. Recommencez plusieurs fois...

120. Orientez votre bassin et ses mouvements pour une pénétration plus ou moins profonde. Cela est très utile si vous êtes très bien ou au contraire trop peu pourvu.

121. Les femmes aiment entendre votre plaisir. Et surtout que vous trouvez votre partenaire désirable. Dites-vous bien qu'il est très dur de savoir si ce que l'on fait en terme de sexe est bien, si l'on n'a aucun retour de son partenaire.

122. Si, comme 80% des femmes, votre partenaire est clitoridienne, n'hésitez pas à titiller son clitoris durant la pénétration. Elle adorera cela, et pourra même s'occuper de votre anatomie également (testicules, fesses).

123. Ne stressez pas, si vous y allez en douceur, vous ne pourrez pas lui "mal faire", mais surtout, soyez attentif à son désir. Ce qu'une femme appelle un «mauvais coup» c'est en général un homme gauche, maladroit, hâtif et qui écourte les préliminaires.

124. Prenez le dessus. Renversez-la, chevauchez-la, maintenez-lui les poignets, bref, dominez-la, retournez-la. Puis laissez-la aussi faire de même ensuite... L'inversion des rôles sera toujours un fantasme très excitant chez les femmes. Jouez également avec votre image !

125. N'ayez pas peur de dire ce que vous ressentez sur le moment, soyez direct, même cru..."J'aime quand tu me fais cela, tu me fais bander" ou au contraire "Ce n'est pas très agréable". La communication lui permettra de vous connaître parfaitement et intimement.

126. Votre bassin est très important, car ses mouvements définissent les zones où vos sexes se toucheront. Dans chaque position, essayez d'onduler, d'agiter votre bassin, évitez le côté marteau-piqueur et changez de rythme...

127. Pendant le sexe, caressez ses seins et saisissez ses fesses. Faites bien attention de ne pas être brusque et avec des gestes trop abrupts.

128. Ne visez pas à tout prix l'orgasme simultané, c'est très rare. Laissez-vous porter par votre plaisir. Il vaut mieux profiter chacun de l'orgasme de l'autre plutôt que de courir après quelque chose de trop rare qui n'apporte pas grand-chose. Laissez-la s'ouvrir, venir...

129. Si vous n'êtes pas adepte des gémissements, montrez-lui que vous aimez ce qu'elle vous fait en malaxant son dos, mordillant sa nuque ou agrippant ses fesses et ses seins.

130. Lorsque vous la prénétrez, vous pouvez prendre l'un de ses doigts dans votre bouche et le sucer sensuellement en la regardant.

131. Si vous ne dites pas à une femme ce que vous aimez, elle fera ce qu'elle croit que vous préférez. La communication et l'échange sont la base non seulement d'une relation intime, mais d'une bonne entente sexuelle.

132. On sait que l'étoile de mer est votre pire cauchemar. Si vous la sentez un peu trop passive et inhibée ou n'osant pas exprimer par des gestes ce qu'elle aime, montrez-lui le chemin en prenant sa main et en la posant sur les parties de votre corps dont vous souhaitez qu'elle s'occupe...

133. Les cheveux sont très érotiques. Si elle a un peu de longueur, n'hésitez pas à les empoigner à pleine main, a les rejeter en arrière de son front, à les relever sur sa nuque... etc.

134. Adeptes du missionnaire, un rien peut tout changer! Placez un coussin sous ses reins et placez ses jambes autour de vous. La pénétration n'en sera alors que plus profonde.

135. Utilisez les variantes de la levrette. Faites-la se cambrer au maximum en mettant sa tête sur le lit. La pénétration en sera encore plus profonde. Attention si vous êtes très bien pourvu, cette position peut lui faire un peu mal.

136. La position la plus stimulante pour le clitoris est le missionnaire inversé : allongez-la sur vous. Votre bas-ventre frotte son clitoris en même temps que vous la pénétrez. C'est la position la plus efficace pour les clitoridiennes.

137. Lorsque vous ressortez complètement de son vagin pour mieux y re-entrer, ne vous précipitez pas, vous pourriez "couder" votre engin en ratant l'entrée, et c'est très douloureux !

138. Les testicules sont souvent et régulièrement délaissés. Si elle ne s'y intéresse pas trop, montrez-lui qu'ils sont aussi importants que le pénis. Guidez sa main et montrez-lui comment vous aimeriez qu'elle vous les palpe.

139. Si vous jouissez avant elle, il serait très mal vu de vous retirer pour vous mettre en position "dodo". Elle a droit à son plaisir.

140. Si vous ne supportez pas qu'on vous touche quelques minutes après l'éjaculation, ne «l'abandonnez» pas pour autant. Optez alors à ce moment là pour des baisers ou des caresses.

141. La femme toujours en levrette, inversez les rôles : vous ne bougez plus et c'est elle qui mène le jeu en s'empalant sur votre sexe.

142. Entraînez-vous à contracter vos muscles du bas-ventre. Faites-le durant la pénétration et vous lui procurerez de délicieuses sensations. Bloquez, immobilisez-vous et retenez-vous... le but est de durer le plus longtemps possible... Pensez au tantrisme...

143. Lorsque vous êtes épuisés, la cuillère est la position qui demande le moins d'efforts. Tous deux allongés sur le côté, vous n'avez plus qu'à bouger doucement votre bassin.

144. La meilleure position pour la douche est de placer ses mains contre la paroi, et de la faire se cambrer au maximum pendant que vous la pénétrez par derrière. Vous avez ainsi un accès privilégié à ses seins et son clitoris.

145. N'exagérez pas votre plaisir. Mieux vaut être honnête et garder les cris pour l'orgasme du siècle. En règle générale, les femmes trouvent assez ridicules les hurlements de mâle en rut que vous pourriez pousser en éjaculant. Un peu de mesure, ne lui explosez pas les oreilles !

146. Pour déclencher un super orgasme, arrêtez vos mouvements dès que vous sentez que vous allez venir. Puis recommencez doucement. Si vous faites cela plusieurs fois de suite, votre orgasme en sera décuplé, le sien également...

147. Lorsque vous sentez que vous êtes proche de l'orgasme, faites travailler vos muscles du bas-ventre pour retarder au maximum jusqu'à "l'explosion". Essayez de gagner du temps...

148. Si vous lui proposez une sodomie, soyez sûr qu'elle y est vraiment prête; et qu'elle n'accepte pas seulement pour vous faire plaisir...

149. Assurez-vous de mettre beaucoup de lubrifiant, et prenez le temps de bien la détendre avec vos doigts ou votre langue.

150. Privilégiez une position dans laquelle vous pouvez diriger : la levrette ou bien l'amazone.

151. Allez-y très doucement, surtout ne forcez pas. Cela peut lui faire mal la première fois.

152. Mettez un préservatif pour plus de glisse, et assurez-vous d'en changer si vous continuez par un rapport vaginal après la sodomie.

153. Après le sexe, ne vous relevez pas dans la seconde pour aller vous doucher ou vous nettoyer. Prenez-la tendrement dans vos bras.

154. Profitez-en pour parler avec elle. Si elle a fait quelque chose qui vous a beaucoup plu, dites-le lui, et demandez-le lui aussi...

155. Quelque chose ne vous a pas plu ? N'attendez pas des semaines. Dites-lui tout de suite après. Expliquez-lui calmement et donnez-lui des indications sur ce que vous aimez.

156. C'est aussi le moment idéal pour lui demander ce qu'elle aimerait que vous lui fassiez la prochaine fois !

157. Il vous faut en général attendre entre 30 minutes et 2 heures pour pouvoir recommencer un acte sexuel. Cela dépend des hommes, apprenez donc à connaître votre rythme et le sien. Reprenez les caresses pour ré-enclencher la machine de votre érection.

158. N'utilisez jamais le sexe comme un moyen de pression en cas de désaccord ou de dispute. Vous lui donneriez une valeur fausse. Et surtout ne la prenez bien sûr jamais contre son gré. Par ailleurs, après une première fois, n'attendez pas 107 ans avant de la rappeler ou de lui faire un “feed back”. Soit vous souhaitez la revoir et poursuivre et vous le lui dites clairement, soit vous ne voulez pas aller plus loin, elle n'est donc pour vous qu'un “plan cul”, ainsi qu'il est coutume de le dire, alors vous le lui dites aussi très vite, afin de ne pas entretenir d'illusions frustrantes et vaines.

Cela s'appelle le courage, ou une forme d'élégance posturale ou même de galanterie... nommez cela comme vous voulez mais cessez toutes conduites d'évitement détestables aux yeux des femmes qui reprochent souvent cette attitude déplorable aux hommes rencontrés de nos jours dans l'intimité. Mal de notre époque hélas souvent trop courant !

Vous aurez au moins, dans les deux cas, le bénéfice de passer pour un homme sûr de lui et mature, et surtout doté d'élégance comportementale. Toute autre attitude, soyez-en certains, sera néfaste à votre réputation de virilité ou de charisme.

IV - Autres variantes

“ Il en va de l'érotisme comme de la danse :
l'un des partenaires
se charge toujours
de conduire l'autre ”

Milan Kundera

159. Faites-la frissonner en prenant un glaçon dans votre bouche quelques secondes avant vos jeux de langue. Demandez-lui ensuite de vous réchauffer. Plus coquin : vous pouvez insérer un glaçon dans son sexe quelques minutes avant une pénétration. La sensation en sera surprenante mais très agréable pour vous deux.

160. Mettez votre alarme 20 minutes avant l’heure habituelle pour commencer la journée par du sexe dès votre réveil. Le meilleur moyen d'être de bonne humeur au saut du lit.

161. Faites l'amour sans utiliser une seule fois vos mains. Sensations et fous rires garantis. Cela demande beaucoup d'imagination, et vous pourriez être agréablement surpris !

162. Masturbez-vous l'un en face de l'autre. L'excitation va monter en flèche. Ce sera aussi un bon moyen d'apprendre à mieux connaître vos corps respectifs, ce qui reste la meilleure façon de savoir comment lui donner du plaisir.

163. Demandez-lui de vous attacher les mains, et transformez-vous en godemiché géant. Puis inversez les rôles. Lorsque l'on a confiance en son partenaire, s'abandonner totalement est la plus belle preuve que l'on puisse lui offrir.

164. Jouez aux jeux de rôle : chacun définit son personnage, et pendant toute la soirée, vous ne serez plus "vous". Vous pouvez définir des scénarios : le docteur/la patiente, le prince/la servante, la prostituée/son client, le mari/sa maîtresse...

165. Le principe du jeu de rôle est de ne jamais sortir de son rôle, quoiqu'il arrive. Cela nécessite de bien préparer le scénario. Choisissez les noms, le lieu, ce qui se passera... laissez libre cours à votre imagination.

166. Si vous prenez goût aux scénarios, placez vos idées de personnages et de mises en scènes dans une boite. Et organisez un tirage au sort chaque semaine. Le gagnant verra son fantasme réalisé.

167. Si vous souhaitez mettre du piment dans vos ébats, glissez-lui à l'oreille une phrase coquine (pas de vulgarité) et observez sa réaction. Bien entendu, prenez un air totalement innocent et intimidé... Elle craquera à coup sûr !.

168. Lorsqu'elle se déshabille, dites-lui combien elle est sexy et désirable. Une femme qui a confiance en elle se lâche beaucoup plus au lit. Surtout, regardez-la une fois dénudée. Rien de pire que de se sentir transparente alors qu'on devrait être regardée avec désir.

169. C'est très cliché mais pourtant vrai. Le corps d'une femme doit être flatté.... car c'est sa féminité. Dites-lui que vous la trouvez belle, attirante, et combien vous la désirez. Vous verrez briller ses yeux et elle s'en trouvera comme éclairée et embellie. Une femme à qui vous dites qu'elle est belle devient immédiatement belle...

170. Prenez le temps de lui dire exactement quelles sont les choses qui vous rendent fou... Vous pouvez par exemple programmer des cours particuliers. Vous faites le professeur et lui montrez les exercices qu'elle doit reproduire. Une façon ludique d'aborder le sexe.

171. Faites monter la température en buvant un thé brûlant (pour éviter l'haleine caféinée). Utilisez alors votre langue ainsi réchauffée pour laisser une trace brûlante sur sa peau et entraîner son accès de désir.

172. Accrochez un miroir près de votre lit et regardez-vous durant une levrette, en la regardant dans le miroir. Garanti torride! Et cela marche aussi avec la fellation et les autres positions. Bref, investissez dans un miroir si ce genre de fantasme vous tente...

173. Sans opter pour un strip-tease de chippendale, vous pouvez érotiser le moment de retirer vos vêtements : regardez-la dans les yeux, enlevez vos chaussettes en premier (!) et déshabillez-vous très... très lentement !

174. Surprenez-la avec des sous-vêtements très provocants (caleçon entrouvert ou string minuscule pour homme). C'est encore plus efficace si vous vous dévoilez par étapes...

175. Soignez l'ambiance de la chambre, de la programmation musicale, la lumière des bougies ou un feu de cheminée sont conseillés. Les hommes aiment les éclairages crus. Pensez surtout que les femmes ont cela en horreur...

176. La lumière bleue donne une atmosphère sensuelle et une belle peau. Pensez-y près du lit. Une simple ampoule ou un abat-jour bien choisis feront l'affaire, ou une bougie parfumée.

177. Une femme considère le sexe comme un bon moyen de se destresser, n'hésitez pas à le lui proposer si vous la sentez un peu tendue, en rentrant du boulot par exemple. Quand je dis proposer, je veux dire : soyez direct, explicite...

178. De manière générale, avant l'amour, évitez de trop parler de vous ou de vos conquêtes, rien de pire qu'une vantardise qui ne tient pas ses promesses dans l'action qui va suivre. Soyez discret sur vos performances et un peu mystérieux. Faites silence, regardez-la... Faites-la craquer par votre regard ou un sourire en demiteinte. Et surtout laissez-la s'exprimer... !

179. Au début de votre approche, faites comme si vous étiez plein de timidité, elle va fondre devant votre réserve... et vous trouver craquant.

180. Evitez en général de vous montrer trop sûr de vous, de jouer les machos de paccotille, cela ne séduit plus du tout les femmes de nos jours.

181. Débarrassez-vous de votre lit grinçant. On ne se rend pas compte à quel point cela peut être un frein aux ébats. Et un lit à barreaux...?

182. Eteignez toujours les téléphones avant de faire l'amour. Rien de tel pour casser l'ambiance. Si vous aviez oublié, surtout ne répondez pas, ni même aux SMS, vous enverriez ainsi le message négatif : «c'est plus important que toi».

183. Regardez-la en entrouvrant délicatement vos lèvres et en les humectant. Une véritable invitation au plaisir. Un baiser dans le cou peut faire office de miracle au niveau émotionnel...
184. Surprenez-la en rasant votre toison génitale, intégralement, si vous le souhaitez. Les femmes adorent la douceur d'un sexe d'homme bien lisse.

185. Préférez, si vous aimez qu'elle vous fasse une fellation, un sexe rasé à un sexe aux poils touffus. Rien n'est plus désagréable pour une femme qui la pratique de se retrouver à moitié asphyxiée par des poils envahissants qui viennent parfois dans sa bouche et qu'elle doit sans cesse retirer d'entre ses lèvres pour continuer.

186. Si elle possède une poitrine généreuse, proposez-lui aussi une "branlette espagnole". Tenez ses seins rapprochés, et placez votre sexe entre eux tout en faisant des mouvements de bas en haut. Vous pouvez aussi napper sa poitrine de lubrifiant pour obtenir encore plus de sensations.

187. Vous pouvez (si elle aime ça) la rejoindre sous la douche vêtu d'un caleçon ample au tissu très fin, de couleur claire de préférence. Laissez l'eau faire le reste ainsi que tout cet imaginaire lié à l'eau et aux éléments de la nature... elle adorera... Erotisme garanti.

188. Ayez une hygiène irréprochable. Une odeur corporelle un peu forte peut dégoûter une femme pendant longtemps. Prévoyez toujours des lingettes intimes, ou passez-vous un coup d'eau rapide en sortant du travail.

189. Tracez un chemin entre votre nombril et votre sexe, en chocolat, alcool ou chantilly, selon les goûts de madame, et invitez-la à suivre ce chemin du bout de sa langue.

190. Vous pouvez lui faire fabriquer un gode aux mensurations de votre sexe. Ainsi, même seule, vous saurez qu'elle pensera à vous...

191. Dessinez sur votre corps un parcours et des instructions. « lécher par ici » « Suivre ce chemin jusque là » etc...

192. Profitez de votre érection matinale pour "abuser" d'elle sans avoir à pratiquer de préliminaires. Elle en sera probablement ravie...

193. Donnez une nouvelle utilité à votre slip : il fera office de menottes improvisées pour immobiliser les poignets de votre partenaire.

194. Placez des "kit-sexe" dans tous les lieux potentiellement utiles : la voiture, la salle de bain, la cabane du jardin... Vous pouvez y mettre des préservatifs, du lubrifiant, des pastilles de menthe forte, de l'huile de massage.

195. Enduisez un petit morceau de votre corps de miel, ou de confiture, et demandez-lui de le trouver uniquement à l'aide de sa langue.

196. Surprenez-la avec des “sex toys” ou des gadgets pour varier les plaisirs : le gode est un peu agressif, mais testez les boules de geishas, menottes, jeux de société érotiques... Innovez !

197. Achetez de la littérature érotique et lisez-lui aussi à haute voix les meilleurs passages. Cela avant de vous coucher. Vous pouvez aussi acheter un magazine érotique et lire à haute voix les témoignages des lecteurs.

198. Attendez-la, nu sur votre lit, si possible avec un début d’érection mal dissimulée.

199. Oubliez quelquefois de mettre un caleçon, ou investissez dans un peignoir kimono pour homme que vous laisserez négligemment entrouvert, nu dessous. Erotisme asssuré !

200. Glissez des photos ou des textes érotiques dans ses poches, son sac, son agenda, sa mallette de toilette... Apprenez à la surprendre !

201. Faîtes monter l'excitation avec une chasse au trésor improvisée. Laissez négligemment un mot griffonné lui indiquant d'ouvrir le frigo (tiroir, ou autre lieu) pour lui donner l’envie de sexe. À l'endroit indiqué, laissez un mot , ainsi que le lieu du prochain indice. Faites durer le jeu de longues minutes en l'envoyant dans de nombreux endroits. Lorsqu'elle trouvera l'ultime mot lui donnant l'ordre de vous rejoindre là où vous êtes, elle sera sûrement très excitée.

202. Modernisez vos jeux de rôles. La personne désignée doit enlever un vêtement. Et définissez un gage érotique pour le premier de vous deux qui finit nu.

203. Jouez à "action ou vérité" version sexe. Cela permettra de poser des questions crues et ainsi d'en apprendre plus sur votre partenaire... au milieu de gages voluptueux. Le but est d'arriver à jouer le plus longtemps possible sans succomber à l'appel du sexe déclenché par les gages. Contenez-vous... !

204. Dans un endroit public, arrangez-vous pour lui faire savoir que vous avez une érection. Pour plus de clarté, vous pouvez prendre sa main sous la table de restaurant et la glisser dans votre poche ou sur votre braguette.

205. Vous êtes séparés quelques temps par le travail ou un déplacement ? Notez chacun vos fantasmes sur un carnet. Lorsque vous vous retrouvez, ou bien au téléphone, lisez vos fantasmes à haute voix.

206. Beaucoup de couples ont le fantasme de se filmer pendant l'amour. En réalité, l'amour devant une caméra est excitant... mais se regarder après... l'est en général nettement moins.

207. Plus original : enregistrez juste le son de vos ébats, puis envoyez-lui le lien par mail dès le lendemain.

208. Dites-lui que vous avez un cadeau pour elle, et laissez-la découvrir un mot doux que vous aurez introduit dans un endroit presque insoupçonnable, comme votre mini slip...

209. Appelez-la au travail en vous faisant passer pour quelqu'un d'autre, juste pour lui glisser par surprise quelques phrases érotiques.

210. Promenez-vous torse nu chez vous, ou en caleçon, surtout si vous êtes bien fait, et vaquez à vos occupations, mine de rien.

211. Enlevez la télé de la chambre ! Ou bien proposez-lui de regarder un film érotique ensemble. La télévision est le pire tue l'amour qui existe. Elle rompt toute communication...

212. Donnez-lui des "bons pour" : un massage, une nuit d'hôtel de luxe... À utiliser à sa guise...

213. Prenez l'habitude de dormir nus. Le contact des peaux durant la nuit échauffe les sens et donne des réveils explosifs.

214. En revanche, ne vous promenez pas nu en permanence. Il faut que la nudité ne devienne pas banale. De plus, la suggestion est souvent plus excitante que la nudité intégrale.

215. Achetez pourquoi pas des accessoires qui changent votre look un peu classique.

216. Tentez de vous déshabiller mutuellement uniquement avec les dents. Fous rires garantis.

217. Préparez le repas et servez-le à votre chérie sur vous. L'entrée sur la poitrine, le plat sur le ventre, et le dessert un peu plus bas...

218. Et lorsque vous regardez la télévision avec elle, dès que les publicités démarrent... excitez-la par des caresses ou des baisers, puis redevenez concentré ensuite devant le film. Elle sera à l'affut de la pause pub suivante...

219. Si elle rentre tard, attendez-la le plus dénudé possible sur le lit, et en faisant semblant de dormir. Elle adorera essayer de vous réveiller.

220. Et rangez vos chaussettes sales qui trainent !!!!!

221. Faites l'amour dans une piscine publique ou dans la mer. Le fait de pouvoir vous faire surprendre à tout moment, ajouté au plaisir aquatique, vous procurera de fortes sensations.

222. Proposez-lui de l'amener à l'orgasme en utilisant uniquement votre langue. Beaucoup moins facile qu'il n'y paraît au premier abord... sauf si vous vous occupez de son clitoris et de sa poitrine en même temps (voir plus haut).

223. Envoyez-lui à distance des récits érotiques de ce que vous voulez lui faire le soir même. Vous pouvez pour cela vous créer une boite mail spéciale, ou bien les envoyer par texto.

224. Prenez une douche ensemble. Sans vous toucher, en utilisant uniquement le jet d'eau pour vous exciter.

225. Investissez dans une petite mallette remplie d'objets de plaisir (préservatifs, sex toys, huiles). Vous pourrez ainsi y puiser l'inspiration.

226. Au restaurant, partez aux toilettes puis envoyez-lui un message lui demandant de venir vous rejoindre... C'est encore plus excitant lorsque vous dînez avec plusieurs autres personnes. Surtout si très sérieuses...!

227. Envoyez-lui des photos sexy de vous sur son mobile, et demandez-lui de faire de même.

228. Bandez-lui les yeux, puis présentez-lui une partie de votre corps à embrasser... elle doit deviner de laquelle il s'agit.

229. Accueillez-la presque nu. Vous ajouterez une dimension de jeu et de mystère au sexe. Et elle pourrait même se lâcher comme jamais.

230. Achetez un livre de kamasutra, essayez toutes les positions et notez à côté vos commentaires. Chacun pourra ainsi savoir ce qu'en pense l'autre.

231. Masturbez-vous quelques minutes avant son retour, sans aller jusqu'au bout. L'excitation sera à son comble lorsqu'elle rentrera et vous aurez trouvé une manière parfaite de lui faire oublier une journée peut être fatigante.

232. Réapprenez à séduire sans en avoir l'air. En sortant de la douche, ne vous habillez pas immédiatement. Soignez votre peau aussi. Promenez-vous une serviette négligemment enroulée autour de vos reins, et flânez devant elle. Les femmes adorent votre peau douce !

233. Proposez-lui de regarder un film porno, mais préférez un site comme de sexe, qui diffuse des vidéos courtes d'amateurs. C'est beaucoup plus excitant. Veillez à ne pas la choquer.

234. La cuisine offre tout un panel de possibilités : assis sur le plan de travail, couchés sur la table, debout dans l'embrasure de la porte...

235. Un rocking-chair recèle un potentiel sexuel très fort... pensez-y avant de vider votre grenier aux encombrants.

236. S'il fait froid dehors et que vous êtes en voiture, trouvez un endroit isolé, arrêtez-vous et faites l'amour au chaud dans la voiture si cela vous tente...

237. Vous aimez les risques? Tentez l'amour à la fenêtre, de préférence dans une rue fréquentée. Ou en plein air, dans un parc, en été...

238. Si vous souhaitez mettre beaucoup de piment dans votre couple, emmenez-la dans un club échangiste. Regardez les autres couples, et rentrez chez vous faire l'amour passionnément.

239. Pour un danger maximum, demandez-lui de se promener un soir nue sous son manteau. Découvrez le sexe sous une porte cochère.

240. Achetez ou faites-lui acheter de la lingerie, souvent noire et très coquine, et demandez-lui de la porter le soir sous son kimono.

241. Lorsque la météo est très mauvaise, emmenez-la en week-end. Passez deux jours enfermés dans l'hôtel à faire l'amour. Rien de tel pour se ressourcer et retrouver la passion des débuts.

242. Amusez-vous à faire l'amour lorsque vous ne devez absolument pas être entendus : chez les beaux-parents, avec un invité dans le salon...

243. Donnez-lui rendez-vous dans une chambre d'hôtel, et faites comme si vous ne vous connaissiez pas. Le fantasme de l'inconnu n'est pas un mythe, ça marche toujours... !

244. L'eau fait partir la lubrification naturelle. Pour un bain un peu crapuleux, rajoutez quelques gouttes d'huile.

245. Vous pouvez aussi lui laver les cheveux en douceur, pensez à la scène du film “Out of Africa” avec Meryl Streep et Robert Redford...

246. Proposez-lui une sortie surprise dans un endroit mythique qu'elle ne connait pas et où elle rêve d'aller un soir. Gardez-en le secret... Soyez surprenant, attirant, charmant, plein d'idées originales, craquant, entrainez-vous... !

247. Votre machine à laver emet de fortes vibrations ? Elle sera un parfait accessoire pour une séance de sexe passionnée, pour ceux qui aiment ce genre de jeu.

248. Au cinéma, emmenez une fine couverture pour vous camoufler, et caressez-la discrètement. Les lieux publics sont toujours très excitants.

249. Classique mais toujours aussi excitant: l'ascenseur que vous aurez coincé entre deux étages. Evitez tout de même de le faire dans un ascenseur très fréquenté et aux heures de pointe! Privilégiez le début de soirée.

250. Demandez-lui de vous rejoindre au bureau pour "déjeuner" et offrez-vous un 13-14 h torride, dans la voiture, les toilettes, à votre bureau.

251. Un parking vide est un endroit qui peut être glauque, mais aussi extrêmement excitant, notamment en levrette sur un capot.

252. Notez tous les endroits où vous voulez faire l'amour. Mettez-les dans un pot, et tirez un papier au sort chaque semaine.

253. Les escaliers sont un lieu très intéressant pour les ébats. Ils permettent de multiples positions, alors ne vous en privez surtout pas.

254. Accompagnez-la pour du shopping, et suivez-la dans une cabine d’essayage. Privilégiez les grandes enseignes plutôt que les petites boutiques, vous passerez ainsi inaperçus.

255. Tentez le cinéma coquin : trouvez une séance en semaine d'un film d'auteur en russe non sous-titré, et offrez-vous une projection privée... et torride.

256. Le train et l'avion sont des lieux sexuels idéaux : commencez par quelques caresses, puis rendez-vous dans les toilettes. La position idéale dans ces endroits étroits est d’être debout derrière elle qui se tient bien cambrée.

257. Pour votre prochain voyage en train, privilégiez le train couchette pour retrouver le plaisir d'être des ados en infraction, ou du luxe...

258. Ne faites pas toujours l'amour nus. De temps à autre, dites-lui de remonter sa jupe et laissez-vous aller à un “quickie” tout habillés.

259. Tout ce que vous avez envie de faire à deux n’est ni interdit ni tabou, il suffit simplement que vous en ayez envie ensemble et d’un commun accord, en connaissance de vos envies respectives...

260. Et pour finir, sachez que cet ouvrage est là pour que vous aider à vous rejoindre dans le partage de vos deux sensualités, afin d’atteindre l’accord intime parfait que vous espérez...

*

En CONCLUSION...

Avec l'aide de ces 260 conseils, souvent assez proches, aussi bien au masculin qu'au féminin, vous avez maintenant toutes les cartes en main pour devenir une amante et un amant extraordinaires, celui et celle qui seront capables de combler tous vos partenaires avec aisance.

Essayez de mettre en pratique ces astuces le plus souvent possible (et en inventer de nouvelles) et vous arriverez à dépasser ou sublimer la routine en donnant à votre couple une vie sexuelle et sensuelle épanouie.

Ces 260 conseils sont tirés de mon expérience de coach de vie et de sexorelaxologue, à la suite de nombreux témoignages de couples ou de femmes et d'hommes en désaccord avec leur libido ou leur partage émotionnel, c'est ce qui rend cet ouvrage unique et facile à comprendre ou à mettre en pratique.
Tous ces conseils sont issus d'années d'écoute de couples reçus en consultation ou en difficulté émotionnelle et sexuelle.

Ils sont aussi le reflet de ce que les hommes et les femmes attendent et souhaiteraient pouvoir partager avec leurs partenaires. C'est pourquoi suivre ces conseils vous assurera sans doute de rendre celles et ceux que vous aimez toujours remplis de désir et de plaisir. Vous allez pouvoir devenir cette femme ou cet homme dont on ne peut plus se passer, et qu'on ne trompera probablement jamais !

Alors mesdames, et vous aussi messieurs, un peu d'élan et de motivation, allez mettre tous ces conseils en pratique ! Et comme bon vous semble. Pour votre plus grand plaisir... et votre épanouissement.

ANNEXE

A propos de sexualité... un miroir de soi même

« Dis-moi comment tu aimes, et je te dirai qui tu es...»

La sexualité est un miroir de soi-même. En elle, se cristallise qui nous sommes. Avant d'être une histoire à deux, c'est une histoire qui nous concerne personnellement. Ma sexualité me parle d'abord de la relation que j'ai à moi-même :
« Suis-je à l'aise dans mon identité d'homme ou de femme ? »

Elle me parle de l'image que j'ai de moi :
« Est-ce que j'aime mon corps tel qu'il est ? Est-ce que l'image qu'il me renvoie me paraît désirable ? »

En elle, se montre aussi ma capacité à être en intimité avec moi-même, à m'autoriser à être l'homme ou la femme que je suis, à ressentir et à exprimer mon désir, à vivre mon plaisir. Cette relation que j'ai avec moi n'est pas le fruit du hasard : c'est le résultat d'une longue histoire, de mon histoire familiale et personnelle.

Car la sexualité se bâtit tout au long de notre développement personnel. Elle se construit dans le contexte familial. La sexualité adulte, qu'on le veuille ou non, est étroitement liée à celle de notre famille. Elle se transmet d'abord souvent par des injonctions éducatives ou des croyances du type : « Une femme qui se respecte ne couche pas » ou bien « Un homme, ça court forcément ».

Ces croyances sont la quintessence de notre histoire familiale, de l'impact que la sexualité a eu sur les générations précédentes et sur leur vie. Certaines sont conscientisées, d'autres ne le sont pas. Mais toutes nous ont été transmises avant même que nous ayons été en âge de vivre des relations sexuelles. Elles font partie de notre héritage familial et agissent comme des directives inconscientes de notre future vie sexuelle adulte.
La sexualité se construit également par des empreintes, par des expériences, faites tout au long de notre développement. Ces informations ont été engrangées dans nos cellules et constituent notre mémoire corporelle. La manière dont nous avons été conçus, les neuf mois passés dans l'intimité du ventre de notre mère, le plaisir qu'elle a eu à nous nourrir et à nous porter, le respect qu'elle nous a témoigné en nous éduquant à la propreté…, qu'elle nous ait aimés ou au contraire abandonnés, constituent des expériences qui laissent des traces, avec lesquelles nous avons construit notre capacité à partager du plaisir, à nous abandonner, à donner et à recevoir. Des qualités indispensables pour une sexualité ultérieure épanouie.

Primordiale est aussi la manière dont j'ai été accueilli dans la découverte de mon propre sexe, lors de la prise de conscience d'être une fille ou bien un garçon et du fait que cela n'est pas tout à fait la même chose. Est-ce que mes parents ont pu accueillir ma curiosité et mon innocence ? Ou bien, est-ce que j'ai appris très tôt que « ça » est tabou, sale, dérangeant ? À cet âge, vers 4-5 ans, se construit la capacité à lier son cœur à son sexe, c'est-à-dire le pouvoir, plus tard, de vivre son énergie sexuelle de façon épanouissante dans une relation affective. Si les parents ont une réaction négative, ou ne serait-ce qu'évitante, vis-à-vis du sexe de leur enfant, celui-ci l'interprète comme si son énergie vitale, qui n'est rien d'autre que l'énergie sexuelle, n'était pas la bienvenue. Attention, l'énergie « sexuelle » infantile n'a rien à voir avec l'énergie sexuelle adulte. L'énergie sexuelle infantile ne cherche pas d'acte sexuel génital avec l'autre, elle est tournée vers soi. Elle est l'expression du désir et du besoin de découvrir sa propre identité sexuée.

Vient ensuite l'adolescence, au cours de laquelle nous testons notre pouvoir de séduction, nous cherchons notre orientation sexuelle, nous construisons notre identité sexuelle. La façon dont les parents sont capables de voir et de valoriser la jeune femme ou le jeune homme dans son potentiel sexuel est primordiale pour sa sérénité dans la rencontre de l'autre. Une fille se présente aux hommes comme elle a été vue par son père. Un garçon va aborder les femmes au travers de l'autorisation que sa mère lui a donné de vivre son potentiel masculin. Il est de première importance, à ce stade, que le parent puisse rester à sa place de parent tout en reconnaissant le potentiel sexuel de son enfant. Ce que l'adolescent ne trouve pas dans le regard bienveillant et auto-régulé de son parent, il le cherchera auprès de ses pairs, dans ses relations amoureuses, sans jamais totalement le trouver.

La sexualité, avant d'être destinée à être partagée avec un autre, est d'abord une histoire personnelle. La capacité de nous épanouir sexuellement nous appartient entièrement. Elle nous parle beaucoup plus de nous-même que de l'amant(e) avec qui nous la partageons, celui(celle)-ci n'étant finalement, surtout, que le miroir de nos empreintes …

Dans le creuset de notre intimité sexuelle vont se révéler nos susceptibilités, nos manques, nos failles. Il ne dépend que de nous, et de nous seul(e) de nous autoriser à les surmonter.

Alors, après avoir illustré la relation que chacun a à soi-même, que devient la sexualité à deux ?
Dans la vision des médias aujourd'hui, la sexualité est purement pulsionnelle. Elle se joue sur deux dimensions : charge et décharge, stimulation et satisfaction. Ceci peut nous convenir pendant un temps, mais deux dimensions, c'est quand même un peu plat. Il manque toujours quelque chose. Nous cherchons donc à démultiplier les expériences et/ou les partenaires, à la recherche de stimulations de plus en plus fortes, mais pas totalement épanouissantes.

La véritable nature de la sexualité est énergétique. Elle se déploie sur 3 dimensions.
Cette troisième dimension est l'expression de notre énergie créatrice dans un dialogue des polarités masculines et féminines. Elle exprime notre capacité à être en relation génitale, dans notre identité sexuée, à un autre, différent de nous. Pour l'atteindre, nous devons abandonner les notions de performance, de clichés, de « ce qu'on doit être ou obtenir ». Cela nous demande le courage de jouer, d'expérimenter et de trouver notre propre vérité.

Lorsque les partenaires peuvent « se » communiquer, tels qu'ils sont, dans leur désir, dans leur vulnérabilité, tant avec leur corps qu'avec des mots, dans un échange « de donner et de recevoir », la sexualité entre dans sa véritable dimension : créatrice. Elle construit un champ d'énergie qui est plus grand que la somme de celles de chacun des deux amants. Le début d'une quête infinie de sa propre plénitude assumée et partagée …

Approche tantrique de l'accompagnement thérapeutique

Le Tantra nous enseigne que nous possédons tous un potentiel de vie, une énergie illimitée, symboliquement logée dans nos vertèbres sacrées, au bas de notre colonne vertébrale, et représentée sous la forme d'un serpent enroulé sur lui-même, la Kundalini.

Pour des raisons qui nous sont propres, la plupart d'entre nous utilisons seulement une faible part de cette énergie de vie dans notre quotidien. Il est donc possible de proposer un accompagnement individuel, fondé sur les enseignements du Tantra, et axé autour des diverses manifestations ou inhibitions de cette énergie.
Je vous propose d'examiner les questions suivantes, de vérifier si elles ont du sens pour vous, si elles suscitent une résonance, dans votre corps, votre mental, ou votre conscience. Pour les approfondir, on peut les prendre comme base d'un travail thérapeutique qui vise à soutenir, encourager, et amplifier votre énergie vitale.

*

Par rapport à moi même

- Qu'est-ce qui fait conflit en moi ?
- Quelles forces s'affrontent en moi, quelle part de mon énergie

est consumée dans ces conflits internes ? Est-ce qu'une partie de moi dit OUI, l'autre NON ?
- Quelles peurs gouvernent ma vie et m'empêchent d'avancer vers une vie plus satisfaisante, une réalisation de moi plus complète ?
- Est-ce que je veux tout contrôler dans ma vie ? Quelle énergie est-ce que j'y mets ?
- Est-ce que j'accueille l'imprévu ? Est-ce que je suis en position de maître dans la vie, ou bien de disciple ? Est-ce que je sais m'abandonner ? Faire confiance ?
- Est-ce que la vie est pénible et fatigante ? Ai-je l'impression de ramer, de lutter pour survivre ? Qu'est-ce qui fait obstacle ?
- Est-ce que j'ai l'impression d'aller au bout de mes aspirations dans ma vie professionnelle, personnelle, affective, amoureuse ?
- Est-ce que je me sens libre ? De moi à moi ? Ou bien en face de l'autre ? Qu'est-ce qui fait obstacle ?
- Est-ce que je me respecte, ou est ce que j'agis par obligation ? Pour faire plaisir à l'autre ? Ou bien pour respecter des choix culturels ?
- Est-ce que je sais dire un vrai OUI, un vrai NON ? à moi, à l'autre, à la vie ?
- Qu'est-ce qui m'empêche de dire OUI à la vie plus souvent ?
- Suis-je affirmé(e) dans ma vie ? Est-ce que je me positionne lors d'un conflit ?
- Est-ce que j'autorise mes émotions : ma joie, ma colère, ma tristesse… ou est-ce que je les réprime, les juge, les condamne, les mets de côté ?
- Est-ce que j'entretiens un rapport harmonieux avec mon corps, ou suis-je en conflit avec lui ?
- Ai-je des jugements à son égard ? Suis-je présent ou absent à mon corps ?
- Est-ce que j'accepte ce que je suis sans me juger ?
- Est-ce que je prends du temps pour me faire du bien régulièrement ? De moi à moi ?

- Avec l’ami(e), l’amoureux(se), mes enfants, mes parents ?
- Est-ce que je mets de la beauté dans ma vie ?
- Est-ce que je me donne l’occasion de rire, de prendre de la distance avec mes problèmes, de les relativiser ?
- Est-ce que je sais gérer l’argent ?
- Est-ce que je sais créer l’abondance pour moi et autour de moi ?

Par rapport aux autres

- À quel moment est-ce que je donne le pouvoir à l’autre, celui de décider pour moi, celui de diriger ma vie, celui de me reconnaître comme l’être que je suis ?
- Est-ce que je prends la responsabilité de mon désir, de mes désirs, face à moi, face à l’autre, ou bien est-ce que j’attends que ces désirs se réalisent d’eux-mêmes, ou au contraire que l’autre les réalise pour moi ?
- Est-ce que j’utilise l’autre comme un tuteur, est-ce que je m’installe dans une dépendance, dans une soumission à l’autre?
- Est-ce que je rends l’autre dépendant, ou bien cherche à le soumettre ?
- Est-ce que j’entre facilement dans la confusion, dans le mélange entre ce qui me concerne et ce qui concerne l’autre ? Entre mon territoire et celui de l’autre ?
- Est-ce que je dépense de l’énergie et fais des efforts pour être apprécié(e), reconnu(e), valorisé(e) ?
- Est-ce que je place ma valeur entre les mains de l’autre, des autres ? Qu’est-ce que ça me coûte ? En énergie, en argent ?

Par rapport à la relation de couple

- Est-ce que je me considère comme un homme, une femme dans sa grandeur, sa différence, ses particularités, sa puissance ? Comment je me positionne en tant que tel face à l’autre ? Quels enjeux sont là pour moi ?

- Quels peurs, jugements, conditionnements, tabous, ai-je sur mon désir, ma sexualité ?
- Quelles limites est-ce que je pose dans ce domaine ? De quoi ai-je envie ?
- Comment je m'engage dans mon couple, dans ma vie ? Librement ? Sous la contrainte ?
- Est-ce que je fais de vrais choix ?

La liste est certainement encore beaucoup plus longue...

Il ne s'agit pas de donner des réponses toutes faites, ni des recettes convenues...
Il s'agit de repérer ensemble les endroits fragiles, vulnérables, les fuites d'énergie.
Il s'agit d'utiliser vos ressources en les confortant, en les encourageant, en les valorisant.
Il s'agit de mettre un peu de lumière sur les zones d'ombre qui se révèlent dans le travail.
Les regarder en toute humilité, les laisser vous habiter, et les accueillir d'une manière nouvelle.

Si vous pouvez les transformer, vous vous réappropriez l'énergie ainsi libérée.
Il faut pour cela utiliser des temps de parole en face à face, avec des moments où l'on invite l'énergie présente à se manifester sous toutes ses formes : sons, mouvements, méditation, respiration, toucher etc...

Références bibliographiques :

Textes du maître tantrique Osho Baghwan Shree Rajneesh, connu sous le nom d'Osho en occident, à qui nous devons entre autres la création des « méditations dynamiques ».
Il a produit plus de 650 livres, qui retranscrivent ses conférences.
L'un d'entre eux, « Le livre des secrets », parle bien en termes très clairs de l'essence du Tantra à travers son texte fondateur, plusieurs fois millénaire, le « Vigyana Bhairava Tantra ».

Références de l'auteur :

Laure d'Orcemont (MLPU)

Master II en Sophrologie Caycedienne - gestion du stress - Energéticienne.
Sexo-thérapeute et Pedorelaxologue diplômée de l'Institut Supérieur de Psycho Somatosynthèse.
Membre de la Fédération Internationale de Relaxologie (F.I.R).
Analyste : Approche centrée sur la personne (A.C.P) - C. Rogers.
REIKI Usui premier degré - Thérapeute holistique.
Auteur d'articles sur le reéquilibrage énergétique, la relation d'aide et la communication non verbale.
Prévention des risques psychosociaux en entreprise (R.P.S).

Diplômée de l'ENSAD - D.N.S.E.P : Département Communication-Edition.

SOMMAIRE

Kolibri 360 GmbH
Ferdinand-Jühlke-Straße 7
99095 Erfurt, Deutschland
produktsicherheit@kolibri360.de

Druck:
CPI Druckdienstleistungen GmbH
im Auftrag der
Kolibri 360 GmbH
Ferdinand-Jühlke-Str. 7
99095 Erfurt